D1730779

Kaufmann / Kauffrau im E-Commerce

– Band 2 –
Fachbuch für die Ausbildung
Geschäftsprozesse im E-Commerce

„Wer im Internet nicht zu finden ist, erweckt den Verdacht,

er habe gar nicht existiert."

(Ernst Probst, Publizist)

Daniela Reinders / Frank Thönißen

Kaufmann / Kauffrau
im E-Commerce

– Band 2 –
Fachbuch für die Ausbildung
Geschäftsprozesse im E-Commerce

Bibliografische Information der Deutschen Nationalbibliothek:

Die Deutsche Nationalbibliothek verzeichnet diese Publikation in der Deutschen Nationalbibliografie;

detaillierte bibliografische Daten sind im Internet über hhtp://dnb.dnb.de abrufbar.

© 2019 Reinders / Thönißen

Herstellung und Verlag: BoD – Books on Demand, Norderstedt

ISBN: 978-3-7460-5694-4
2. Auflage

Daniela Reinders

Daniela Reinders absolvierte ein Studium der Rechtswissenschaften (Master of Laws) mit dem Schwerpunkt Arbeitsrecht, sowie ein wirtschaftswissenschaftliches Studium im Schwerpunkt Handel. Nach Tätigkeiten in der freien Wirtschaft ist sie seit 2004 als Dozentin im kaufmännischen Bereich in der Erwachsenenbildung tätig.

Frank Thönißen

Frank Thönißen absolvierte ein Studium der Wirtschaftswissenschaften mit dem Schwerpunkt Sozialpolitik, sowie eine kaufmännische und technische Ausbildung. Es folgten Tätigkeiten in der freien Wirtschaft im In- und Ausland. Seit 2001 ist er als Dozent im kaufmännischen Bereich in der Erwachsenenbildung tätig. Hier hat er sich in der Aus- und Weiterbildung im kaufmännisch-technischen Bereich auf Berufe der Automobilbranche spezialisiert.

Inhaltsverzeichnis

Einleitung

Die Anforderungen im Handel sind in den vergangen Jahren enorm gestiegen. Das ist einerseits auf den härteren Wettbewerb und andererseits auf den vermehrten Absatz über E-Commerce zurückzuführen. Dies bedeutet für den Handel weitreichende Veränderungen.

Daher wurde der Ausbildungsberuf Kaufmann /-frau im E-Commerce entwickelt, um den sich verändernden Anforderungen gerecht zu werden. Als kaufmännischer Ausbildungsberuf ist dieser auf den speziellen Wachstumsmarkt des E-Commerce zugeschnitten.

Kaufleute im E-Commerce sind in Unternehmen tätig, die ihre Waren online vertreiben. Das können Groß- und Außenhandelsunternehmen, Einzelhandelsunternehmen, Tourismusunternehmen oder Hersteller und Dienstleister sein. Die Ausbildung dauert im Regelfall drei Jahre. Durch das neue Berufsbild sollen Auszubildende systematisch an das stetig wachsende Online-Geschäft herangeführt werden. Dabei sollen sie auf die veränderten Anforderungen in Digitalisierung und Kundenverhalten reagieren können. Neben der Auswahl und dem Einsatz von Online-Vertriebskanälen gehören die Mitarbeit bei der Gestaltung und Bewirtschaftung des Warensortiments, der Vertragsanbahnung und –abwicklung im Online-Vertrieb sowie die Beschaffung zu ihren Aufgaben. Dazu kommen Kundenkommunikation, die

Entwicklung und Umsetzung des Online-Marketings sowie die kaufmännische Steuerung und Kontrolle.

Nach Hälfte der Ausbildungszeit werden im Teil 1 der gestreckten Abschlussprüfung die Inhalte der ersten 15 Ausbildungsmonate schriftlich geprüft. Das Ergebnis geht mit 25% in die Gesamtnote ein. Der zweite Prüfungsteil umfasst die Bereiche Geschäftsprozesse, Kundenkommunikation, Wirtschafts- und Sozialkunde sowie ein Fachgespräch zu einem projektbezogenen Prozess im E-Commerce.

Im zweiten hier vorliegenden Band finden sich die relevanten theoretischen Inhalte ab dem 16. Ausbildungsmonat gemäß der Ausbildungsordnung. Die relevanten Inhalte der ersten fünfzehn Monate werden in Band 1 zusammengefasst.

Wir wünschen Ihnen viel Spaß bei der Durcharbeitung des Fachbuches verbunden mit dem gewünschten Erfolg in der Ausbildung!

Ihre Autoren
Frank Thönißen und Daniela Reinders

1. Kaufvertragsstörungen

In Kaufverträgen vereinbaren Käufer und Verkäufer bestimmte Rechte und Pflichten beider Vertragsparteien. Dies ist für den Käufer die rechtzeitige Lieferung der Ware und Annahme des Kaufpreises, beim Käufer die Annahme der Ware sowie die rechtzeitige Zahlung des vereinbarten Kaufpreises.

Bei der Erfüllung der Kaufverträge können jedoch **unterschiedliche Störungen** auftreten. Diese haben unterschiedliche für die Vertragspartner unterschiedliche Folgen. Neben der mangelhaften Lieferung gehören zu den Kaufvertragsstörungen der Lieferungsverzug, der Annahmeverzug und der Zahlungsverzug.

1.1 mangelhafte Lieferung

Der Verkäufer ist verpflichtet seinem Kunden die verkaufte Ware frei von Sach- oder Rechtsmängeln zu liefern. Kommt der Verkäufer dieser Verpflichtung nicht nach handelt es sich um eine **mangelhafte Lieferung**.

Es wird dabei zwischen **Rechtsmängeln** (z. B. fehlende Lizenzen für eine Markenkennzeichnung) und **Sachmängeln** (z. B. Kratzer im Gehäuse) unterschieden.

Folgende unterschiedliche Sachmängel können auftreten:

- **Quantitätsmangel**

  die gelieferte Menge stimmt nicht mit der bestellten Menge überein
- **Mangel in der Art** (Falschlieferung)

  es wird eine andere Ware geliefert als bestellt
- **Mangel durch fehlerhafte Ware**

  es fehlt eine vertraglich zugesicherte Eigenschaft
- **Mangel durch falsche Werbeversprechungen**

  Es fehlt eine in der Werbung versprochene Eigenschaft

Hinsichtlich der Erkennbarkeit eines Mangels wird zwischen **offenen, ver-steckten** und **arglistig verschwiegenen Mängeln** unterschieden. Offene Mängel sind direkt bei Erhalt der Ware sichtbar.

Beispiel: Auf dem Display eines Smartphones befindet sich ein Riss.

Versteckte Mängel sind nicht sofort sichtbar und können meist erst bei Ge-brauch festgestellt werden.

Beispiel: Der Akku des Smartphones lässt sich nicht aufladen.

Arglistig verschwiegene Mängel sind solche, die vom Verkäufer absichtlich verschwiegen werden.

Beispiel: Ein Fahrzeug wird vom Händler als „unfallfrei" angeboten, obwohl es einen Unfall hatte.

Der Käufer muss zur Sicherung seiner Ansprüche beim **zweiseitigen Handelskauf** die eingehende Ware **unverzüglich** auf offene Mängel hin **prüfen**. Unverzüglich heißt dabei, dass dies ohne schuldhaftes Verzögern passieren muss. Stellt der Käufer offene Mängel fest muss er diese ebenfalls unverzüglich **rügen** (Mängelrüge). Versteckte Mängel müssen unverzüglich nach Entdeckung gerügt werden.

Beim **einseitigen Handelskauf** entfällt die Regelung zur unverzüglichen Prüfung und Rüge. Es gilt innerhalb der ersten sechs Monate nach Erhalt der Ware automatisch die Vermutung, dass der Mangel von Anfang an bestanden hat. Der Verkäufer müsste hier nachweisen, dass die Ware bei Übergabe an den Kunden mangelfrei war. Reklamiert der Kunde nach diesen sechs Monaten trägt er die Beweislast.

Liegt ein Mangel vor entstehen für den Kunden **vorrangige** und **nachrangige** Rechte. Das Recht auf Nacherfüllung ist ein sogenanntes vorrangiges Recht und muss daher dem Verkäufer zuerst eingeräumt werden.

- **Recht auf Nacherfüllung**

  Der Kunde hat Recht auf Nacherfüllung. Das bedeutet, dass der Verkäufer insgesamt zweimal die Möglichkeit erhält, durch Tausch oder Reparatur den Mangel zu beseitigen

Bleibt die Nacherfüllung ohne Erfolg kann der Kunde eines der nachrangigen Rechte in Anspruch nehmen:

- **Recht auf Minderung des Kaufpreises**

  Der Käufer kann bei mangelhafter Ware die Herabsetzung des Kaufpreises verlangen. Der Kaufvertrag bleibt bestehen.

- **Recht auf Rücktritt vom Kaufvertrag**

  Der Kunde kann bei erfolgloser Nacherfüllung vom Kaufvertrag zurücktreten. Die Ware geht zurück an den Verkäufer, der den Kaufpreis erstattet.

- **Recht auf Schadensersatz**

  Der Käufer kann Schadensersatz neben der Leistung oder Schadensersatz statt der Leistung verlangen. Schadensersatz neben der Leistung ist z. B. die Erstattung von Reparaturkosten. Schadensersatz statt der Leistung entsteht bei Rücktritt vom Kaufvertrag. Wurde zum Beispiel ein Smartphone zur betrieblichen Nutzung gekauft und war aufgrund des Mangels der Kunde für seine Kunden nicht erreichbar, kann er dem Verkäufer hierfür Schadensersatz berechnen.

Der Gesetzgeber legt also zwei Nachbesserungsversuche des Verkäufers fest. Die Zeit, die der Verkäufer für den Nachbesserungsversuch benötigt, verlängert dabei den Anspruch auf **Sachmangelhaftung** für den Käufer. Dieser Anspruch besteht für zwei Jahre und kann durch eine freiwillige Garantie des Verkäufers verlängert werden.

1.2 Lieferungsverzug

Lieferungsverzug tritt ein, wenn der Verkäufer die Ware **schuldhaft nicht oder nicht rechtzeitig liefert**. Voraussetzungen für den Eintritt eines Lieferverzuges sind die Fälligkeit der Lieferung, das Verschulden des Verkäufers und bei nicht kalendermäßig bestimmten Lieferterminen die Mahnung der Lieferung. Kommt der Verkäufer mit der Lieferung in Verzug hat der Kunde folgende Rechte, die er wahlweise beanspruchen kann:

- **Recht auf Erfüllung des Vertrages**
  der Kunde kann auf Lieferung bestehen
- **Recht auf Erfüllung und Schadensersatz**
  durch die Verzögerung entstandene Kosten werden dem Verkäufer in Rechnung gestellt

- **Recht auf Rücktritt vom Vertrag**

  Kunde kann nach erfolgloser Nachfrist vom Vertrag zurücktreten und erhält ggfs. den Kaufpreis zurück

- **Recht auf Rücktritt vom Vertrag und / oder Schadensersatz**

  Kunde kann nach erfolgloser Nachfrist vom Vertrag zurücktreten und ggfs. zusätzlich Schadensersatz vom Verkäufer verlangen

Wurde für die Lieferung ein **Fixtermin** vereinbart kommt der Verkäufer sofort bei Verstreichen des Termins in Lieferverzug. Der Kunde kann demnach vom Vertrag ohne Mahnung zurücktreten und Schadensersatz verlangen. Ebenso entfällt die Nachfristsetzung, wenn sich der Verkäufer selber in Verzug setzt.

1.3 Annahmeverzug

Annahmeverzug liegt vor, wenn der Kunde die Ware nicht oder nicht rechtzeitig **annimmt**. Für den Annahmeverzug müssen zwei Voraussetzungen vorliegen: Die Annahme muss **fällig** sein und die Ware muss **tatsächlich angeboten** werden. Der Annahmeverzug setzt kein Verschulden voraus, weil der Käufer von der Lieferung Kenntnis hat.

Durch den Annahmeverzug geht die Gefahr des **zufälligen Untergangs** mit Eintritt des Verzuges auf den Kunden über. Der Schuldner haftet ab jetzt nur noch für grobe Fahrlässigkeit und Vorsatz.

Nimmt der Kunde die Ware nicht an kann der Verkäufer die Ware in Verwahrung nehmen und die Abnahme einfordern oder er kann sich von der Leistungspflicht befreien. Dazu kann er die Ware auf Kosten des Kunden einlagern oder sie versteigern lassen (Selbsthilfeverkauf). Zudem kann er Schadensersatz wegen Nichterfüllung verlangen.

Ein Annahmeverzug kann auch vorliegen, wenn der Verkäufer die **Zahlung** nicht oder nicht rechtzeitig annimmt. Hier gelten die gleichen Rechte wie bei der Warenannahme.

1.4 Zahlungsverzug

Zahlt der Kunde **nicht oder nicht rechtzeitig** kommt er in Zahlungsverzug. Voraussetzungen für den Zahlungsverzug sind die Fälligkeit der Zahlung, die Mahnung und das Verschulden des Kunden.

Die Zahlung ist **fällig** mit Zugang der Rechnung. Ist der Zahlungstermin kalendermäßig bestimmt oder erklärt der Kunde, dass er nicht zahlen wird, bedarf es keiner Mahnung für den Verzug. Ebenso tritt der Verzug beim zweiseitigen Handelskauf automatisch 30 Tage nach Zugang der Rechnung ein. Beim einseitigen Handelskauf gilt diese Regelung nur, wenn in der Rechnung explizit hierauf hingewiesen wird.

18

Kommt der Käufer seiner Zahlungsverpflichtung nicht nach hat der Verkäufer folgende Rechte:

- **Recht auf Zahlung und Schadensersatz**

  der Verkäufer besteht auf Zahlung und berechnet für den Verzögerungsschaden Verzugszinsen, dies ist das vorrangige Recht

- **Recht auf Rücktritt vom Vertrag**

  kommt der Käufer seiner Verpflichtung auch nach einer Frist nicht nach kann der Verkäufer vom Kaufvertrag zurücktreten und die Ware zurückverlangen

- **Recht auf Schadensersatz statt der Leistung**

  hat der Verkäufer die Ware an einen anderen Kunden weiterverkauft und dadurch einen Verlust erlitten (weil er z. B. den Kaufpreis reduzieren musste) kann er diesen Schaden dem ursprünglichen Kunden in Rechnung stellen

Nach der gesetzlichen Regelung liegt die Höhe der Verzugszinsen beim einseitigen Handelskauf bei 5% und beim zweiseitigen Handelskauf bei 9% plus Basiszinssatz zuzüglich einer Pauschale von 40,- Euro für die dem Verkäufer entstandenen Mahnkosten.

1.5 Verjährung

Nach Ablauf bestimmter gesetzlicher Fristen **verjähren Ansprüche**, das bedeutet, sie können nicht mehr gerichtlich durchgesetzt werden. Zwar bleibt der Anspruch weiter bestehen, allerdings erwirbt der Schuldner mit Eintritt der Verjährung ein **Leistungsverweigerungsrecht**. Der Zeitpunkt der Verjährung hängt vom Zeitpunkt der Anspruchsentstehung und der jeweiligen Verjährungsfrist ab. Die Verjährung beginnt **regelmäßig** am Ende des Kalenderjahres, in welchem der Anspruch entstanden ist. Lediglich bei der sogenannten unregelmäßigen Verjährung entsteht der Anspruch taggenau.

Folgende **Verjährungsfristen** werden unterschieden:

Art Anspruch	Frist	Fristbeginn
regelmäßige Verjährung (z.B. Kaufpreisforderung)	3 Jahre	Ende Kalenderjahr in dem der Anspruch entstanden ist
titulierte Ansprüche (z.B. Urteile)	30 Jahre	mit Rechtskraft
Gewährleistungsansprüche Kaufvertrag	2 Jahre	mit Übergabe der Sache
arglistige verschwiegene Mängel	3 Jahre	Ende Kalenderjahr in dem der Anspruch entstanden ist
Gewährleistungsrechte Bauwerken	5 Jahre	mit Übergabe der Sache

Die Verjährungsfristen können sich durch Hemmung und Neubeginn allerdings verlängern.

Hemmung bedeutet, dass die Verjährungsfrist um die Zeitspanne der Hemmung verlängert wird. Eine Hemmung tritt z. B. ein, wenn gerichtliche Verhandlungen über das Bestehen der Ansprüche geführt werden, der Gläubiger einen Mahnbescheid beantragt, der Schuldner vom Gläubiger die Erlaubnis zur Stundung erhält oder Gläubiger und Schuldner über die Ansprüche verhandeln.

Beim **Neubeginn** der Verjährung beginnt die Verjährungsfrist komplett von vorne. Dies tritt zum Beispiel bei einem Schuldanerkenntnis durch eine Abschlagszahlung, den Antrag auf Vollstreckung oder durch eine Anerkenntniserklärung des Schuldners ein.

2. Onlinevertrieb

Vertriebs- oder Distributionswege legen fest, in welcher Form die Waren vom Hersteller zum Verbraucher gelangen. Man unterscheidet zwischen direktem und indirektem Vertriebsweg. Ein **direkter Vertriebsweg** liegt vor, wenn die Ware ohne Einschaltung betriebsfremder Absatzorgane zum Verbraucher gelangt, werden betriebsfremde Absatzorgane eingesetzt spricht man von **indirektem Absatz**. Folgende Übersicht stellt die beiden Vertriebskanäle dar:

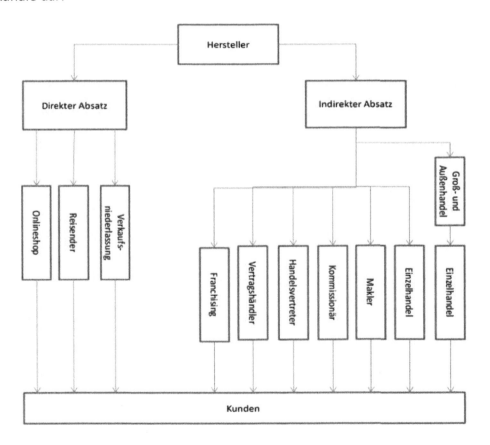

2.1 Online-Vertriebskanäle

Der Weg, wie Produkte den Kunden angeboten werden, nennt man Absatzweg oder Vertriebskanal. Neben den sogenannten **Offlinewegen** wie den stationären Handel gibt es unterschiedliche **Onlinemöglichkeiten**. Dabei unterscheidet man zwischen **direktem** und **indirektem Vertriebsweg**.

Direkte Vertriebswege sind Wege, wo der Händler direkten Kontakt zu seinen Kunden hat. Dies kann zum Beispiel durch den stationären Handel erfolgen, aber auch durch eigenen Außendienstmitarbeiter o. ä. **Indirekte Vertriebswege** sind Wege, wo zwischen Händler und Kunden sogenannten Absatzmittler zwischengeschaltet sind. Dies sind betriebsfremde Mittler wie zum Beispiel Handlungsvertreter (selbständige Kaufleute, die auf Provision für den Händler arbeiten) o. ä.

Im Onlinehandel werden ebenfalls direkte und indirekte Vertriebswege unterschieden. Folgende **Onlinevertriebskanäle** gibt es:

2.1.1 Website

Eine Website ist die **Gesamtheit aller Seiten**, die ein Unternehmen oder eine Person im Internet zur Verfügung stellt. Erreicht werden diese Seiten über die sogenannte **Homepage** (Startseite). Diese Vertriebsform gehört somit zum direkten Vertriebsweg, da der Onlinehändler in direktem Kontakt zu seinen Kunden steht.

Um eine Website einrichten zu können bedarf es eines entsprechenden Seitennamens, der sogenannten **Domain**, unter welcher die Seiten im Internet zu erreichen sind. Die Domain zeigt die Gliederungseinheit im Internet. Aufgebaut ist sie dabei stets wie folgt:

- **Top-Level-Domain**

  Dies ist die Endung der Domain, in Deutschland meist .de oder .com

- **Second-Level-Domain**

  Frei wählbarer Name, auch Domain genannt. Hier kann zum Beispiel der Firmenname (ohne Umlaute) genannt werden. Dieser Name muss allerdings einmalig sein und kann nicht doppelt vergeben werden.

- **Third-Level-Domain**

  Wird dem Namen vorangestellt, meist das bekannte „www"

Um eine Domain nutzen zu können muss diese über das Deutsche Network Informations Center e. G. in Frankfurt a. M. (**DENIC**) registriert werden. So ist sichergestellt, dass es jede Domain **nur einmal** gibt. Daneben müssen die geltenden Rechtsvorschriften wie Markennamen und Namensrechte eingehalten werden.

Sollten unterschiedliche Benutzer den gleichen Domain-Namen registrieren wollen gilt der Grundsatz der Priorität, d. h. für den ersten Antrag erfolgt die Eintragung.

Die Domain ist Teil der **URL**. Dies ist die Abkürzung für Uniform Resource Locator. Gemeint ist die eindeutige Adresse eines HTML-Dokuments im Internet. HTML oder Hyper Text Markup Language beschreibt die logischen Bestandteile eines Dokumentes bei der Erstellung von Seiten für das World Wide Web.

Wichtig für die Erstellung einer eigenen Website ist die **professionelle und benutzerfreundliche Gestaltung** der Seite. Zudem muss sie leicht zu finden sein. Neben Sortiments- und Produktinformationen sowie sonstigen Information über das Unternehmen sollten die Kontaktmöglichkeiten leicht und direkt zu finden sein.

2.1.2 Suchmaschinen

Suchmaschinen sind Programme, die große Datenbestände nach **Keywords** durchsuchen. Grundlage dabei sind die vom Programm in einem sogenannten **Index** gespeicherte Dokumente. Das sind in der Regel Websites. Wird eine Anfrage (Keyword) an eine Suchmaschine gestellt durchsucht das Programm alle von ihm gespeicherten Dokumente nach diesem Keyword. Dabei bestimmt das Programm die Relevanz des Dokuments für dieses Keyword und bringt die Ergebnisse in eine bestimmte Reihenfolge (SERP, Search Engine Result Page). Dazu werden meist noch kurze Informationen, sogenannte Meta-Angaben, zum Suchergebnis angezeigt.

Man unterscheidet zwischen allgemeinen und speziellen Suchmaschinen. **Allgemeine Suchmaschinen** bauen einen möglichst großen Index auf. Das bekannteste Beispiel hierfür ist Google. Dagegen bauen **spezielle Suchmaschinen** ihren Index nur begrenzt zu einem bestimmten Thema auf. Beispielsweise gibt es spezielle Suchmaschinen zum Thema Recht.

Die Nutzung von Suchmaschinen ist in der Regel kostenfrei.

Damit ein Unternehmen bei der Suche möglichst unter den ersten Suchergebnissen angezeigt wird (sog. Organische Suche) muss eine **Suchmaschinenoptimierung** (SEO) erfolgen. Hierbei wird versucht, die Ergebnisse der Suchmaschine entsprechend zu manipulieren. Dies erfolgt über besondere Gestaltung der Websites. Neben der organischen Suche kann aber auch die **bezahlte Suche** (SEA) eingesetzt werden. Dabei bezahlt ein Unternehmen dafür, bei bestimmten Keywords durch als Werbung markierte Positionierungen besonders gut platziert zu werden.

2.1.3 Onlinemarktplätze

Online- oder virtuelle Marktplätze sind virtuelle Orte, an denen Angebot und Nachfrage aufeinandertreffen. Hier findet **virtueller Handel** statt. Das Merkmal von Onlinemärkten ist, dass hier nicht nur ein Lieferant seine Waren anbietet, sondern auf einer bestimmten Plattform **viele Anbieter** auf **viele Käufer** treffen. Der Betreiber des Onlinemarktplatzes stellt dabei nicht nur den **Handelsplatz** zur Verfügung, sondern unterstützt die Marktteilnehmer durch die Übernahme technischer Abwicklungen, welche den Verkaufsprozess unterstützen. Dies können z. B. entsprechende Suchmaschinen oder elektronische Datenbanken sein, die der Betreiber des Onlinemarktes zur Verfügung stellt, damit Produkte und Angebote schnell und einfach zu finden sind. Zudem stellt er die entsprechenden Kommunikationsmöglichkeiten zwischen Verkäufer und Käufer zur Verfügung. Auch das Angebot bestimmter Bezahlsysteme obliegt dem Betreiber. Es handelt sich also um einen indirekten Vertriebsweg.

Im Handel auf Onlinemarktplätzen müssen die unterschiedlichen Beziehungen zwischen Käufer und Verkäufer bei der Gestaltung berücksichtigt werden.

Man unterscheidet zwischen folgenden Beziehungen:

- **Business-to-Business** (Handel zwischen Unternehmen und Lieferanten)
- **Business-to-Consumer** (Handel zwischen Unternehmen und privaten Haushalten, z.B. Amazon)
- **Consumer-to-Consumer** (Handel zwischen privaten Haushalten, z.B. Ebay)

Neben den Kriterien in den unterschiedlichen Beziehungsmodellen muss ebenfalls nach der Wahl des Geschäftsmodells unterschieden werden, da diese Einfluss auf die Strategie und Ziele des Marktplatzes haben:

- **buy-side Marktplätze**
  wenige Nachfrager betreiben diesen Marktplatz um größere Einkaufsmengen generieren zu können
- **bell-side Marktplätze**
  wenige Anbieter machen einen Großteil des Angebotes aus
- **neutrale Marktplätze**
  Unabhängigkeit von Ein- und Verkäufern

Neben diesen Parametern unterscheiden sich Marktplätze durch die räumliche Lage der Anbieter (regional, national, international), ihren Marktzugang (offen, geschlossen), ihre Organisationsform (selbst-, fremdorganisiert), ihrem Funktionsumfang (d. h. Grad der Unterstützung) und der Art der Preisbildung.

a)   Räumliche Lage

es muss zwischen dem Sitz der Anbieter unterschieden werden, d. h. handelt es sich nur um regionale oder aber internationale Anbieter

b)   Marktzugang

beschreibt die Zugangsbedingungen zu einem virtuellen Markt; ist es jedem Marktteilnehmer möglich sich zu registrieren oder werden nur bestimmte Teilnehmer zugelassen

c)   Organisationsform

ein selbstorganisierter Marktplatz wird durch die Markteilnehmer selber betrieben, ein fremdorganisierter Marktplatz hingegen von einer neutralen Instanz

d)   Funktionsumfang

Unterschiede bestehen in den Leistungen, die den Marktteilnehmern angeboten werden; die einfachste Form ist z. B. ein schwarzes Brett, wogegen ausführliche Produktinformationen zum erweiterten Leistungsspektrum gehören

e)   Preisbildung

es wird auf Marktplätzen zwischen statischer und dynamischer Preisbildung unterschieden; statische Preisbildung ist ein nicht verhandelbarer Festpreis; bei der dynamischen Preisbildung wird der Preis durch Auktion oder Verhandlung festgelegt

Der größte Vorteil für das Unternehmen bei der Nutzung eines virtuellen Marktplatzes ist, das viele Marketingkosten entfallen. Durch die **Markttransparenz** (der Nachfrager kann sich einfach und schnell über das Angebot informieren) wird eine Vielzahl von potentiellen Kunden angesprochen. Die beschleunigten Prozesse führen zu einer höheren **Kundenzufriedenheit**, ohne dass das einzelnen Unternehmen das technische Know-How selbständig vorweisen müsste. So können z. B. aktuelle Bestände in Echtzeit angezeigt werden, oder Produktinformationen mit dem eigenen Warenwirtschaftssystem verknüpft werden. Neukunden werden einfacher gewonnen, da diese durch andere Anbieter auf den Marktplatz gelockt werden. Nachteilig wirkt sich der erhöhte Wettbewerbsdruck durch die direkte Vergleichbarkeit der Angebote aus. Auch ist eine langfristige Kundenbindung an das Unternehmen auf diesem Weg schwieriger zu realisieren, da der direkte Kontakt zwischen Händler und Kunde fehlt.

2.1.4 Webshop

Der Webshop ist der **virtuelle Marktplatz eines einzigen Unternehmens**. Statt seine Waren im stationären Handel anzubieten werden diese im Internet zum Verkauf gestellt. Meist wird der Webshop mit der Homepage des Unternehmens verknüpft. Der Kunde hat so die Gelegenheit, rund um die Uhr direkt beim Onlinehändler zu bestellen. Das Unternehmen spart sich durch den Webshop Kosten wie Miete und Personal, da die Waren nicht „vor Ort" angeboten werden müssen und kein Personal rund um die Uhr bereitgestellt werden muss.

Die Erstellung und Pflege eines Webshops bedarf einer komplexen Technik und Gestaltung. Dies kann entweder über einen **Shopbaukasten** erfolgen, in welchen bereits vorgefertigte Templates lediglich an die eigenen Wünsche angepasst werden müssen. Hier sind keine speziellen Programmierkenntnisse notwendig, allerdings besteht hinsichtlich der Gestaltungsmöglichkeiten wenig Flexibilität, da die Bausteine vorgegeben sind. Die Kosten für eine Einrichtung sowie der benötigte Zeitaufwand über einen Shopbaukasten sind gering.

Durch entsprechende **Shopsoftware** kann das Unternehmen seinen Webshop aber auch komplett selber designen und so individuelle Funktionalitäten hinterlegen.

Egal in welcher Form der Webshop erstellt wird, er muss grundlegenden Anforderungen entsprechen. Denn der Kunde entscheidet innerhalb der ersten zehn Sekunden nach Aufrufen der Seite, ob er verweilt oder weiterklickt. Daher ist die optische Gestaltung der Seite immens wichtig. Die **Startseite** muss **übersichtlich** und **benutzerfreundlich** sein. Der Aufbau sollte logisch sein und kurze **Navigationswege** bieten. Das Design der Produktangebote sollte zielgruppengerecht und professionell sein. Zudem sollten die gängigen **Zahlungsabwicklungsmöglichkeiten** hinterlegt sein. Der **Bestellprozess** selber sollte einfach, die Versand- und Retourenbedingungen leicht erkennbar sein.

2.1.5 Soziale Netzwerke

Soziale Netzwerke sind **virtuelle Gemeinschaften**, in denen sich Nutzer unter der Angabe von eigenen **Profilen** (Selbstdarstellung) miteinander vernetzen. Ziel ist es, sich in Form von Chats, Einträgen oder Bildern auszutauschen. Es gibt große Netzwerke wie Facebook oder Instagram, aber auch kleinere spezialisierte Communities zu bestimmten Themen.

Für Unternehmen bietet sich ebenfalls die Möglichkeit, soziale Netzwerk als Vertriebskanal zu nutzen, um bestimmte Nutzergruppen / potenziellen Nutzer einfach und schnell zu erreichen. So kann die Unternehmenskommunikation zielgruppengerecht und zeitnah erfolgen. Das **Markenimage** eines Unternehmens kann so positiv beeinflusst werden. Neben der

Neukundenakquise kann das soziale Netzwerk aber auch als Kundenbindungsinstrument genutzt werden. Kunden können sich als Fan oder Follower angeben und so direkt vom Unternehmen angesprochen werden.

Die Nutzung sozialer Netzwerke ist zwar relativ kostengünstig, allerdings sehr **zeitaufwendig**. Da die Nutzer eine **direkte Interaktion** mit dem Unternehmen erwarten müssen entsprechende Personalressourcen hierfür eingesetzt werden.

Das Unternehmen kann mit der Nutzung des sozialen Netzwerkes unterschiedliche Ziele verfolgen. Neben dem Verkauf und dem Marketing von Produkten kann hierüber auch gezielt der Kundenservice gesteuert werden, da jeder Kontakt vom Nutzer als Service verstanden wird.

Um erfolgreich soziale Netzwerke nutzen zu können sollte das Unternehmen vorab klären, **in welcher Form** es sich im Netzt darstellen möchte und welche **Ziele** mit diesem Vertriebsweg verfolgt werden sollen. Zudem ist es wichtig Mitarbeiter für diese Aufgabe auszuwählen, die im Umgang mit Kunden über die notwendigen Kenntnisse (zum Beispiel in der Reklamationsbehandlung) verfügen und dies entsprechend formulieren können.

2.1.6 Affiliate Marketing

Unter Affiliate Marketing versteht man eine **Zusammenarbeit zweier unter-schiedlicher Websites**. Dabei handelt es sich um ein bestimmtes **Provisions-system**. Kunden werden dabei von einer Website auf eine andere Website weitergeleitet. Dies kann über Links oder entsprechende Werbebanner ge-schehen. Kommt durch diese Weiterleitung auf der anderen Website ein Kauf zustande, erhält der Inhaber der ersten Website eine Provision.

Zum Affiliate-Marketing gehören auch zahlreiche **Vergleichsportale**. Hier werden bestimmte Produkte miteinander verglichen und dem Nutzer ange-zeigt. Schließt der Nutzer aufgrund der Ergebnisse über eines der Produkte einen Vertrag ab, erhält das Vergleichsportal eine Provision.

Neben den Vergleichsportalen gibt es auch sogenannte **Blogger**, die in ihren Blogs andere Unternehmen verlinken und bei einem Kauf des Nutzers vom Onlinehändler eine Provision erhalten.

2.1.7 Email-Marketing / Newsletter

Das Email-Marketing ist mittlerweile ein Klassiker unter den Online-Ver-triebskanälen. Dabei werden über eine Mail oder einen Newsletter **Kunden direkt** vom Unternehmen angesprochen.

Richten Unternehmen ihre Nachrichten an einzelnen Personen handelt es sich um die sogenannte **one-to-one-Kommunikation**. Hier stehen die einzelnen Kundenbeziehungen im Mittelpunkt. Der Onlinehändler kann hierbei seine Kunden mit relativ geringem Aufwand direkt ansprechen. Gehen Nachrichten hingegen an eine Vielzahl von Personen spricht man von der sogenannten **one-to-many-Kommunikation**. Eine persönliche Ausrichtung auf einen bestimmten Kunden ist hierbei nicht möglich (z. B. ein individuelles Angebot).

Bei der Gestaltung einer Email oder eines Newsletters gibt es einiges zu beachten. Alleine die **Betreffzeile** bestimmt, ob die Nachricht vom Kunden geöffnet wird. Durchschnittlich liegt die sogenannte **Öffnungsrate** (also wie oft eine Nachtrift geöffnet wird) bei 50 % der versendeten Mails. Die höchste Öffnungsrate haben nach einer Studie Mails, die montags zugestellt werden. Zu beachten ist zudem, dass Empfänger zunehmend Mails auf ihren Mobilgeräten lesen.

Inhaltlich muss die Relevanz der Nachricht für den Empfänger deutlich sein. Der Text sollte daher nicht zu lang und zudem übersichtlich sein. Es empfiehlt sich zudem bei Bedarf konkrete Handlungsaufforderungen einzubauen.

Um zielgerichtet und erfolgreich Email-Marketing durchzuführen bedarf es **aktueller Empfängerlisten**. Diese sollte idealerweise nach Merkmalen sortierbar sein, um z. B. passende Inhalte an unterschiedliche Zielgruppen zu versenden.

Bei der Gestaltung einer Email müssen einige Kriterien beachtet werden: Die Vorlage für eine E-Mail sollte gemäß dem sogenannten **Responsive Design** erstellt werden, um sicherzustellen, dass die Nachricht auf allen Endgeräten optimal dargestellt wird. Dazu wurde ein Webdesign entwickelt, dass sich flexibel auf die Größe und Eigenschaften des jeweils abrufenden Gerätes einstellt. Dazu sollte z. B. die Breite auf maximal 600 px festgelegt werden, da nicht alle Programme breitere Nachrichten anzeigen können. Hinsichtlich des Corporate Designs sollten unbedingt die unternehmensinternen Vorlagen des Onlinehändlers verwendet werden, um den Wiedererkennungseffekt des Kunden sicherzustellen. Empfehlenswert ist es, die eigene Website in der Email zu nennen.

Ob Emails oder Newsletter versendet werden hängt davon ab, welche Inhalte den Verbrauchern vermittelt werden sollen. Unter „Emailing" versteht man den unregelmäßigen Versand elektronischer Nachrichten. Dieser kommt zum Einsatz, wenn z. B. Produktneuheiten bekannt gemacht werden sollen. **Newsletter** hingegen werden regelmäßig verschickt und können als elektronisches Rundschreiben bezeichnet werden. Onlinehändler können so regelmäßig Informationen an ihre Kunden versenden. Während bei einer Email Kunden meist zu einer konkreten Handlung aufgefordert werden, können in Newslettern Kunden z. B. mittels Hyperlinks auf die Website weitergeleitet werden.

Rechtliche Aspekte beim Versand von Emails oder Newslettern müssen ebenfalls beachtet werden. Werden Emails ohne Einwilligung des Empfängers zu gewerblichen Zwecken verschickt spricht man von sog. **Spam-Mails**. Diese werden meist in der Masse versendet und sollen dazu verleiten, eine bestimmte Website zu öffnen. Solche Mails sind **rechtlich unzulässig**, da der Empfänger dem Erhalt solcher Mails vorab nicht zugestimmt hat.

2.2 Technische und organisatorische Voraussetzungen Internetauftritt

Um einen Internetauftritt gestalten zu können bedarf es einiger technischer und organisatorischer Voraussetzungen.

Vorab ist zu klären, ob das Unternehmen über **ausreichend Know-How** zum Betreiben einer Internetseite verfügt. Neben den notwendigen technischen Kenntnissen gehört hierzu auch die entsprechende **Personalressource**. Zudem müssen Arbeitsplätze mit der **notwendigen technischen Ausstattung** vorhanden sein. Alternativ kann die Erstellung und Betreuung des Internetauftritts an einen **externen Dienstleister** vergeben werden. Diese bieten unterschiedliche Möglichkeiten in der Betreuung und Unterstützung bei der Erstellung und Pflege von Websites, bzw. Onlineshops.

Um zu ermitteln, in welcher Form der eigene Onlineauftritt erfolgen soll, sollten neben der Branchenanalyse hinsichtlich Angebot und Zielgruppe auch die nächsten Konkurrenten betrachtet werden. Hier können die Websites / Onlineshops der Wettbewerber Aufschlüsse über den Umfang der Angebote, der Preisgestaltung und der Zielgruppenansprache bieten.

Zudem muss vorab hinsichtlich der Budgetplanung ein entsprechender Businessplan mit Kosten und Nutzen des geplanten Internetauftrittes erstellt werden.

Als Grundlage für die konkrete Planung müssen nun zuerst die **betrieblichen Gegebenheiten** ermittelt werden. Neben der Feststellung, welche Software intern verwendet wird, muss definiert werden. ob beim Onlineauftritt Schnittstellen z. B. mit dem Warenwirtschaftssystem geplant (z. B. um Bestände anzuzeigen oder Bestellungen direkt zu übertragen) sind. Die Zielgruppe des Internetauftritts muss festgelegt werden. Auch ist zu definieren, welche die konkreten Informationen über die Website vermittelt werden sollen.

Zusätzlich müssen folgende Anforderungen an die Website formuliert werden:

- Kategorien (Menü)
- Tools
- Layout / Design
- Links
- Konzept Artikelseite
- Payment-Funktionen
- Versand- und Lieferbedingungen
- Kommunikationsmöglichkeiten (Mail, Blog, Forum)
- Schnittstellen Warenwirtschaftssystem

Stehen diese konkreten Anforderungen fest, muss eine **geeignete technische Basis** für den Onlineauftritt ausgewählt werden. Entscheidet sich das Unternehmen für eine interne Lösung in der Erstellung und Betreuung des Internetauftrittes folgt die Auswahl einer geeigneten Software. Dazu wird der Internetauftritt entweder komplett **selber programmiert**, was entsprechende Kenntnisse voraussetzt, oder die Website wird mittels **Baukastensoftware** erstellt. In diesen Baukästen sind bereits vorgefertigte Templates vorhanden, die individuell angepasst werden können.

Bei der **Eigenentwicklung** kann sowohl komplett selber programmiert werden, als auch einzelne Bausteinen bei Dritten hinzugekauft werden. Dies hängt vom Grad der Kenntnisse im Unternehmen ab. Der Vorteil zugekaufter Bausteine ist es, dass diese oft ausgereifter sind als selbstprogrammierte Software. Allerdings sind sie nicht sehr individuell. Kauf-Lösungen verfügen über ein breites Spektrum an Funktionen und können vom Dienstleister oft auch installiert werden. Nachteilig können sich hier laufende Kosten, wie z. B. für zukünftige Updates, auswirken.

Neben diesen beiden Varianten werden **Miet-Shops** angeboten. Hier ist der Vorteil, dass gerade zu Beginn im Onlinehandel eine schnelle und einfache Lösung geboten wird. Miet-Shops werden in der Regel auf den Servern eines Providers installiert und lassen sich nach dem Baukastenprinzip erstellen. Im Mietpreis enthalten sind üblicherweise die gesamte technische Infrastruktur, Wartung, Updates und Weiterentwicklung des Systems sowie das Hosting. Nachteilig sind auch hier die oft fehlenden Möglichkeiten zu individuellen Gestaltung sowie ein eingeschränkter Funktionsumfang. Vorteile bieten die geringen Einstiegskosten und die einfache Bedingung.

Open-Source-Lösungen sind Softwareangebote, die öffentlich vorhanden sind und meist kostenlos genutzt werden können. Diese haben den Vorteil, dass hier die größtmögliche Gestaltungsfreiheit gegeben ist. Voraussetzung ist allerdings, dass das notwendige Know-How im Unternehmen vorhanden ist.

Bei der Auswahl der für den Onlinehändler geeigneten Variante gilt es den größten Nutzen für das eigene Unternehmen zu bewerten.

Neben diesen technischen Überlegungen muss natürlich der **Datenschutz** sichergestellt werden. Zudem muss eine Strategie zur Bekanntmachung des Internetangebotes entwickelt werden.

Entscheidet sich das Unternehmen für einen **externen Dienstleister** zur Erstellung des Internetauftritts müssen geeignete Anbieter ermittelt werden. Hierzu muss vorab das Budget festgelegt und die Anforderungen an den Dienstleister formuliert werden. Dies sind neben den inhaltlichen Anforderungen auch Fragen zum Supports und Übernahme der administrativen Aufgaben. Hat der Onlinehändler verschiedene Angebote eingeholt folgt nun der entsprechende Angebotsvergleich.

Neben der Lösung zur Programmierung und der Marketingplanung müssen die **rechtlichen Anforderungen** überprüft werden. Ist dies erfolgt wird die Einbindung des Internetauftritts in die **bestehenden Unternehmensabläufe** festgelegt. Neben der Pflege und Bearbeitung des Onlineangebotes ist dies die kontinuierliche Weiterentwicklung und Anpassung (Strategie, rechtl. Änderungen usw.).

Bezüglich der Bestellabwicklung muss festgelegt werden, wie eingehende **Kundenbestellungen** bearbeitet werden und wer hierfür verantwortlich ist. Dem schließt sich die Rechnungsstellung und Rechnungskontrolle an. Wie werden Zahlungseingänge kontrolliert und wie ist die Schnittstelle zur Bestellung (z. B. bei Vorauskasse ö. ä.).

Ein weiterer wichtiger Punkt ist die **Reklamationsbearbeitung**. Hier müssen Abläufe und Ansprechpartner festgelegt werden. Neben technischen Fragestellungen müssen die Mitarbeiter auch Kenntnisse zu den Produkten aufweisen können.

Im Rahmen des **Webcontrollings** muss festgelegt werden, in welcher Form dies erfolgt und wie die Kommunikation zwischen den einzelnen beteiligten Stellen sichergestellt ist.

3. Rechtliche Rahmenbedingungen E-Commerce

Für den Vertrieb über das Internet sind zahlreiche Vorgaben zu beachten. Neben den auch für den stationären Handel gültigen Vorgaben wie die EU-Richtlinien zum Datenschutz innerhalb der europäischen Union, den nationalen Gesetzen wie BGB, HGB, BDSG, Gewerbeordnung, Arbeitsgesetze usw. gelten hier noch die folgenden Regelungen:

- Informationspflichten
  - Telemediengesetz (TMG)
  - E-Commerce & Fernabsatzgesetz (§§ 312ff BGB)
- Wettbewerbsrecht
- Markenschutz
- Urheberrechtsgesetz (UrhG)
- Datenschutz

Die genannten Vorschriften beziehen sich dabei auf die **deutsche Rechtslage**, d. h. Anbieter und Kunde befinden sich beide im Inland. Ist ein Unternehmen im Ausland tätig, gelten die entsprechenden Schutzvorschriften des jeweiligen Verbraucherlandes. Grund hierfür ist, dass im Streitfall das Unternehmen vom Verbraucher im Ausland verklagt werden könnte oder der Verbraucher in dessen Land verklagt werden müsste, da Gerichtsstand das Verbraucherland ist (EuGH-Urteil v. 07.12.2010 C-144/09 und C-585/08). Von einer Tätigkeit im Ausland geht man laut EuGH immer dann aus, wenn der Anschein erweckt wird, dass Unternehmen wolle Geschäftsbeziehungen zu ausländischen Kunden herstellen. **Indikatoren** hierfür könnten sein:

- Produkte werden in fremder Sprache angeboten
- Preise in fremder Währung
- Telefonnummer unter Angabe der internationalen Vorwahl
- usw.

Grundsätzlich können Verträge rechtswirksam über das Internet abgeschlossen werden. Ausnahmen sind solche Verträge, für die das Gesetz bestimmte Formanforderungen vorsieht. Bisher kann in diesem Zusammenhang nur die gesetzliche Schriftform mittels Verwendung einer zugelassenen digitalen Signatur online eingehalten werden. Die digitale Signatur als Verfahren wird allerdings wenig genutzt.

Ein Vertrag kommt grundsätzlich durch Antrag und Annahme zustande. Keine Anträge im rechtlichen Sinn sind Kataloge auf der Website oder das Aufnehmen von Artikeln in den Warenkorb eines Onlineshops. Ein rechtsverbindlicher Antrag liegt in der Regel erst mit Absenden der Bestellung durch den Kunden vor. Dies kann in Form einer Email oder über ein auf der Website hinterlegtes Bestellformular erfolgen.

3.1 Informationspflichten

3.1.1 Telemediengesetz (TMG)

Inhalt des Gesetzes ist die **besondere Informationspflicht** (Impressum) sowie Angaben über die Datenspeicherung und den Datenschutz für Betreiber von gewerblichen Internetseiten.

Die Anbieterkennzeichnung oder **Impressumspflicht** soll dem Nutzer anzeigen, wer sein Geschäftspartner ist. Die Anbieterkennzeichnung ergibt sich aus § 5 TMG, wonach diese Angaben sicherstellen sollen, dass ggfs. rechtliche Ansprüche gegen den Websiteinhaber durchgesetzt werden können. Ausgenommen von der Impressumspflicht sind lediglich rein privat genutzte Seiten.

Der Gesetzgeber formuliert, dass das Impressum „leicht erkennbar, unmittelbar erreichbar und ständig verfügbar" sein muss. Der Nutzer muss daher die entsprechenden Informationen spätestens nach zwei Klicks abrufen können und diese leicht auf der Seite finden. Am einfachsten stellt der Onlinehändler dies durch einen eigenen Menüpunkt in der Navigation sicher.

Der Menüpunkt „Impressum" muss zudem von jeder Unterseite erreichbar sein. Ungünstig ist es, wenn das Impressum in einem Pop-Up-Fenster angezeigt wird, da diese Funktion von vielen Nutzern auf ihren Geräten unterdrückt wird. Somit könnten die Angaben nicht abgerufen werden.

Inhaltich enthält das Impressum folgende Angaben:

- vollständiger Vor- und Zuname des Anbieters (ggf. die Firma) postalische Anschrift des Anbieters
- bei juristischen Personen (GmbH, UG, AG, Genossenschaft, Verein) Rechtsform des Unternehmens und Name des Vertretungsberechtigten
- vollständiger Vor- und Zuname und Anschrift des Verantwortlichen für den Inhalt journalistisch-redaktioneller Angebote
- ggfs. Umsatzsteuer-Identifikations-Nummer
- ggfs. zuständige Aufsichtsbehörde
- E-Mail-Adresse, Telefon- und Faxnummer
- zuständige Handelsregister, Partnerschaftsregister, Genossenschaftsregister oder Vereinsregister einschließlich Registernummer
- bei Kapitalgesellschaften in Abwicklung oder Liquidation entsprechende Angabe
- bei Dienstleistung Angabe der Kammer, gesetzliche Berufsbezeichnung und Staates
- ggfs. Angabe Wirtschaftsidentifikationsnummer

3.1.2 E-Commerce & Fernabsatzgesetz (§§ 312ff BGB)

Hier werden die **Rechte der Nutzer** bei Abschluss eines Vertrages über das Internet geregelt. Neben weiteren Informationspflichten für den Anbieter ist hier die **14tägige Rücknahmepflicht** aufgeführt.

Zu den weiteren Informationspflichten gehört nach § 1 Einführungsgesetz zum BGB i. V. m. § 312d BGB u. a.:

- wesentliche Eigenschaften der Ware
- Angaben zum Widerrufsrecht
- Anschrift, an die sich Verbraucher bei einer Beschwerde wenden kann
- Gesamtpreis der Ware einschließlich aller Steuern und Abgaben, Art der Preisberechnung sowie zusätzliche Versandkosten / sonstige Kosten
- im Falle eines Abonnement-Vertrages (unbefristeter Vertrag) Angabe des Gesamtpreises (Gesamtkosten pro Abrechnungszeitraum, monatliche Gesamtkosten)
- Kosten für Einsatz des genutzten Fernkommunikationsmittels, sofern dem Verbraucher Kosten berechnet werden
- Zahlungs-, Liefer- und Leistungsbedingungen
- Liefertermin

- Bestehen gesetzliche Mangelhaftung
- ggfs. Bedingungen für Kundendienst und Garantie
- ggfs. bestehende einschlägige Verhaltenskodizes gemäß Artikel 2 Buchstabe f der Richtlinie 2005/29/EG des Europäischen Parlaments und des Rates vom 11. Mai
- ggfs. Laufzeit des Vertrags oder die Bedingungen der Kündigung unbefristeter Verträge

Das **Widerrufsrecht** schreibt vor, dass dem Verbraucher nach Erhalt der Ware ein 14-tägiges Recht auf Widerruf zusteht. Über dieses Recht und die zugehörigen Fristen und Bedingungen muss der Onlinehändler seine Kunden auf der Website informieren. Meist werden dazu Musterformulare für die Aussprache des Widerrufs zum Download angeboten. Zudem ist über die Folgen des Widerrufs aufzuklären und die damit verbundenen Kosten (z. B. für die Rücksendung) zu benennen.

Noch bevor der Verbraucher die Bestellung tätigt muss er gemäß § 312d Abs. 1 BGB, Art 246a EGBGB über die oben genannten Inhalte **informiert** werden. Bereits vor der Bestellung ist er über alle wesentlichen Informationen zur Bestellabwicklung, Preisen, Wareneigenschaft usw. in Kenntnis zu setzen. Darüber hinaus müssen die Informationen direkt lesbar, d. h. nicht erst nach scrollen sichtbar sein. Zwischen den Informationen und dem Bestellbutton dürfen sich nach der Rechtsprechung keine ablenkenden Elemente befinden, also auch nicht der Hinweis auf das Widerrufsrecht oder die AGB. Diese sollten über einen eindeutig bezeichneten Link z.B. „AGB und Widerrufsrecht" oder über zwei Links „AGB" und „Widerrufsrecht" aufgerufen werden können.

Weitere Pflichten ergeben sich hinsichtlich des **Bestellbuttons**. Um den Verbraucher vor Kostenfallen im elektronischen Geschäftsverkehr zu schützen, muss der Bestellbutton richtig beschriftet und gut lesbar sein. Dabei lautet die gesetzliche Regelbezeichnung des Buttons „zahlungspflichtig bestellen". Alternativ könnte dieser auch mit „kaufen" bezeichnet werden. Nicht zulässig ist eine wenig eindeutige Beschriftung wie „Anmeldung". Hier könnte der Verbraucher nicht erkennen, dass er mit Drücken des Buttons einen zahlungspflichtigen Vorgang auslöst.

Seit dem 9. Januar 2016 müssen Onlinehändler, die über das Internet Verträge mit Verbrauchern schließen, auf eine Plattform zur Online-Streitschlichtung hinweisen. Auch dieser Hinweis muss leicht zugänglich sein. Daher empfiehlt sich ein entsprechender Hinweis im Impressum.

3.2 Wettbewerbsrecht

Insbesondere das **Gesetz gegen die Wettbewerbsbeschränkungen** (UWG) und andere maßgebliche Vorschriften wie die **Preisangabenverordnung** sind im Onlinehandel zu beachten.

Das **Recht des unlauteren Wettbewerbs** (UWG) ist eine Spezialmaterie des Deliktrechts und regelt das **Wettbewerbsverhalten** der Marktteilnehmer. Es hat keine direkte Auswirkungen auf den Endverbraucher, schützt diesen aber indirekt vor Beeinflussung und unlauteren Geschäftshandlungen. Geschäftshandlungen sind dabei laut Gesetz alle Verhaltensweisen zugunsten des eigenen oder fremden Unternehmens, die auf Absatzförderung ausgerichtet sind. Wird dabei das Maß der sozialadäquaten und zumutbaren **Beeinflussung der Marktteilnehmer** überschritten, geht das Gesetz von einer unlauteren Handlung aus. Innerhalb des Gesetzes wird zwischen grundsätzlich unzulässigen und bei Spürbarkeit unzulässigen Tatbeständen unterschieden.

Die **Werbung per Email** ist demnach wettbewerbsrechtlich grundsätzlich verboten. Einzige Ausnahme: es liegt die **ausdrückliche Einwilligung** des Verbrauchers vor. Zudem muss sich bereits aus der Betreffzeile ergeben, dass es sich um Werbung handelt.

Möchte der Onlinehändler Links auf seine Website setzten sind auch hier die namens-, marken-, urheber- und wettbewerbsrechtlichen Regelungen zu beachten. Links müssen erkennen lassen, dass auf fremde Inhalte verwiesen wird. Unbedingt einzuholen ist in diesem Fall das Einverständnis des Inhabers der verlinkten Seite.

Die **Preisangabenverordnung** soll sicherstellen, dass der Verbraucher in verständlicher und zutreffender Form über die Preise einer informiert wird.

Wichtige Grundlagen dieser Verordnung sind:

- Angabe der Preise in der Form, dass ersichtlich ist ob Umsatzsteuer bereits enthalten ist
- Ausweisen der Versandkosten hinsichtlich Entstehung und Höhe
- Bei nicht vorher bestimmbaren Versandkosten: Kunden muss die Möglichkeiten gegeben werden, Kosten selber zu errechnen, z. B. über entsprechende Rechner.

3.3 Markenschutz

Eine Marke kann als die **Summe aller Vorstellungen** verstanden werden, die ein Markenname (Brand Name) oder ein Markenzeichen (Brand Mark) bei einem Kunden hervorruft bzw. beim Kunden hervorrufen soll, um die Waren oder Dienstleistungen eines Unternehmens von denjenigen anderer Unternehmen zu unterscheiden und ggfs. einen höheren Preis zu bezahlen (unverwechselbares Vorstellungsbild verankert beim Kunden).

Das Markenrecht gehört zum **gewerblichen Rechtschutz**. Hiermit werden Bezeichnungen von Produkten innerhalb des geschäftlichen Verkehrs geschützt. Grundsätzlich unterscheidet man zwischen Wortmarken (geschriebener Name) und Bildmarken (z. B. Logo), nationalen Marken, EU-Marken und IR-Marken.

Das „Gesetz über den Schutz von Marken und sonstigen Kennzeichnungen" (MarkenG) definiert wie folgt: „Als Marke können alle Zeichen, insbesondere Wörter einschließlich Personennamen, Abbildungen, Buchstaben, Zahlen, Hörzeichen, dreidimensionale Gestaltungen einschließlich der Form einer Ware oder ihrer Verpackung sowie sonstige Aufmachungen einschließlich Farben und Farbzusammenstellungen geschützt werden, die geeignet sind, Waren oder Dienstleistungen eines Unternehmens von denjenigen anderer Unternehmen zu unterscheiden." (§ 3 Abs. 1 MarkenG).

Die Marke garantiert nach einem Urteil des Europäischen Gerichtshofs den Ursprung der gekennzeichneten Ware oder Dienstleistung für den Verbraucher. Eine Verwechslung mit Waren anderer Herkunft soll somit ausgeschlossen werden. Marken müssen also **unterscheidungsfähig** sein.
Eine Marke entsteht gemäß Markenrecht durch die Registrierung beim Deutschen Patent- und Markenamt (**DPMA**).

§ 12 BGB regelt das **Namensrecht**: „Wird das Recht zum Gebrauch eines Namens dem Berechtigten von einem anderen bestritten oder wird das Interesse des Berechtigten dadurch verletzt, dass ein anderer unbefugt den gleichen Namen gebraucht, so kann der Berechtigte von dem anderen Beseitigung der Beeinträchtigung verlangen. Sind weitere Beeinträchtigungen zu besorgen, so kann er auf Unterlassung klagen." Das Namensrecht sichert also die **Einmaligkeit** des verwendeten (Firmen) Namens. Neben der Eintragung als Marke sichert die Eintragung ins Handelsregister den Schutz des verwendeten Firmennamens.

Der Markenschutz ist ebenfalls relevant bei der Wahl einer geeigneten **Domain**. Eine bereits registrierte Domain ist grundsätzlich namens- und markenrechtlich geschützt. Die Nutzung fremder Namen oder Marken als Domain-Adresse ist also in aller Regel unzulässig und kann gerichtlich unterbunden werden. Um Streitigkeiten zu vermeiden sollte vor der Anmeldung einer Domain eine Namens- und Markenrecherchen durchgeführt werden.

3.4 Urheberrechtsgesetz (UrhG)

In diesem Gesetz werden **Regelungen zum ideellen und wirtschaftlichen Schutz von Geisteswerken** aufgeführt. Dabei soll der Urheber in den Eigentums-, Nutzung und Verwertungs- sowie Vergütungsrechten seiner Werke geschützt werden. Der Rechtsschutz beginnt mit Entstehung des Werkes und endet üblicherweise 70 Jahre nach dem Tod des Urhebers. Zu den urheberrechtlich geschützten Werken gehören z. B. Texte, Musik und Fotos.

Im E-Commerce bedeutet dies, dass urheberrechtlich geschützte Werke im Internet **nur mit Zustimmung des Urhebers** verbreitet werden dürfen, unabhängig davon, ob dies kostenlos oder entgeltlich erfolgen würde.

Bei der Erstellung einer Website ist daher darauf zu achten, dass die urheberrechtlichen Nutzungsrechte beim erstellenden Onlinehändler liegen. Gerade bei der Beauftragung eines externen Dienstleisters sollte dies vertraglich festgehalten werden. Andernfalls würde der Onlinehändler Gefahr laufen, die Website nicht wesentlich verändern zu dürfen.

3.5 Datenschutz (DSGVO)

Bisher galten die Bestimmungen des Bundesdatenschutzgesetzes (BDSG). Seit dem 25.05.2018 gilt die neue **europaweite Datenschutzverordnung DSGVO**, welche Teile des BDSG und des TMG ersetzt. In der DSGVO werden insbesondere die Dokumentationspflichten von Unternehmen, welche Daten verarbeiten, ausgedehnt. Jede Verarbeitung von personenbezogenen Daten muss demnach dokumentiert werden. Zudem wird die Informationspflicht ausgeweitet. Jeder Nutzer muss explizit über die Verarbeitung seiner Daten informiert werden. Diese Informationen sind von Unternehmen auch nachzuweisen.

Im Wesentlichen gelten folgenden Anforderungen für den Onlineshop:

- bei mindestens zehn ständig mit der Verarbeitung personenbezogener Daten beauftragten Personen muss ein Datenschutzbeauftragter benannt werden
- Onlineshops müssen ein Verzeichnis ihrer Verarbeitungstätigkeiten führen
- den Usern müssen bereits mit der Datenerhebung Informationen über die Verarbeitung ihrer Daten gegeben werden
- Informationen zur Datenverarbeitung müssen auf der Website leicht zugänglich sein
- besteht keine Notwendigkeit zur (weiteren) Speicherung der personenbezogenen Daten sind diese zu löschen
- personenbezogene Daten müssen durch den Onlineshop-Betreiber ausreichend geschützt werden
- kommt es zu Sicherheitsvorfällen muss der Betreiber der Seite unverzüglich die zuständige Aufsichtsbehörde informieren, besteht ein hohes Risiko sind auch die betroffenen Personen zu informieren (eher selten)

Betreiber von Onlineshops dürfen Daten also nur erheben, wenn diese für die Verarbeitung notwendig sind. Sobald der Zweck erfüllt ist müssen personenbezogene Daten gelöscht werden. User erhalten durch diese Verordnung das Recht, Unternehmen anzufragen, welche Daten diese gespeichert haben. Zudem kann der Nutzer Berichtigung oder Löschung der Daten verlangen. Möchte das Unternehmen personenbezogene Daten über den eigentlichen Zweck hinaus verarbeiten bedarf es der ausdrücklichen Einwilligung des Users. Diese Einwilligung muss dokumentiert werden. Der User hat das Recht, seine Einwilligung jederzeit zu widerrufen.

Auswirkung der DSGVO auf die bisherigen Bestimmungen

Elementar ist die **verschärfte Haftung** für Verstöße gegen die DSGVO. Die DSGVO gilt unmittelbar und verdrängt daher die nationalen Vorschriften. Die bisherigen Regelungen treten dabei nicht vollständig außer Kraft, lediglich einzelne Regelungen werden durch die DSGVO neu gestaltet. Für Websiteinhaber bedeutet dies im Einzelnen:

- §§ 11 ff. TMG sind nicht mehr anwendbar
- Die DSGVO ist allerdings nicht nur speziell für den Internethandel ausgelegt wie das TMG, vielmehr gilt es für alle datenschutzrechtlichen Prozesse. Daher sind die Vorschriften eher abstrakt formuliert. So werden sich die Inhalte zukünftig erst durch Rechtsprechung weiter konkretisieren.
- § 13 TMG wird durch Art. 13 DSGVO ersetzt

- Bisher mussten Websitebetreiber ihre User sofort über Art und Umfang des Verarbeitungsprozesses personenbezogener Daten informieren. Diese Pflicht besteht auch weiterhin, diesmal allerdings geregelt in Art. 13 DSGVO
- Für die bisherige Cookie-Richtlinie (Verordnung Werbung mit Tracking und Targeting) gilt die neue sogenannte ePrivacy-Verordnung. Diese besagt, dass für den Einsatz von Tracking-Mechanismen (Cookies) vorab die Einwilligung des Users eingeholt werden muss (hierzu reicht die bisher oft verwendete Einwilligung per einmaligen Mausklick nicht mehr aus)

Personenbezogene Daten sind alle Angaben, die etwas über die persönlichen oder sachlichen Verhältnisse einer Person aussagen, z. B. Name, Adresse, Familienstand usw. Es handelt sich also um Informationen, die mit einer bestimmten Person in direkten Zusammenhang gebracht werden können. Nichtpersonenbezogene Daten hingegen sind Angaben, die nicht mit einer bestimmten Person in direkten Zusammenhang gebracht werden können.

Die DSGVO empfiehlt daher Pseudonymisierungen, um Nutzerdaten zu schützen. Ziel ist es, dass Informationen nicht bestimmten Nutzern zugeordnet werden können. Um Daten für Marketingzwecke nutzen zu können schreibt die DSGVO eine explizite Einwilligung des Nutzers zum konkreten Verwendungszweck der Daten vor.

Unter den Geltungsbereich der DGSVO fallen alle Anbieter von Onlineangeboten. Diese müssen eine Datenschutzerklärung mit den neuen Anforderungen auf ihrer Website einstellen.

Die Informationspflichten gem. DSGVO:

- Nennung Rechtsgrundlage für Datenverarbeitung
- Ausnahmen: Verarbeitung der Daten ist gestattet, wenn diese zur Erfüllung des Vertrags notwendig sind, z. B: bei Lieferung der Waren müssen Name und Adresse weitergegeben werden
- Hinweis auf temporäre Speicherung der IP-Adresse bei berechtigtem eigenem Interesse (etwa Schutz vor Cyberangriffen), wobei der Zeitraum hier maximal 14 Tage umfassen darf
- Rechte der Nutzer: Recht auf Auskunft, Recht auf Löschung und Korrektur
- Hinweis auf Widerrufsmöglichkeit (muss besonders hervorgehoben sein)
- Aufklärung über Möglichkeit der Einschränkung der Datenverarbeitung bei Widerspruch und Beschwerde bei der Datenschutzaufsichtsbehörde, Hinweis auf Recht zur Datenübertragbarkeit

- Nennung Datenschutzbeauftragter mit Kontaktdaten
- Benennung der Empfänger der erhobenen Daten zuzüglich Hinweis, ob Daten an Server außerhalb der EU weitergeleitet werden und ob mit diesen Ländern Datenschutzabkommen bestehen (z.B. Privacy Shield Abkommen mit den USA)
- Speicherfristen
- bei Nutzung einer automatischen Entscheidungsfindung Information hierüber (z. B. zur Ermittlung der Kreditwürdigkeit eines Kunden)

Die Datenschutzerklärung muss präzise, transparent, leicht zugänglich und einfach verständlich sein. Juristische Fachbegriffe sollen dabei so weit wie möglich vermieden werden. Lassen sich diese nicht anders umschreiben muss eine entsprechende Erklärung beigefügt werden. Auf der Website sollte der Link zur Datenschutzerklärung - ähnlich wie das Impressum - leicht zugänglich und von jeder Seite aus erreichbar sein. Ist das Unternehmen international ausgerichtet muss die Erklärung in weiteren Sprachen verfasst sein.

Aufgrund der Komplexität dieser neuen Regelung sollte sich ein Unternehmen hier im Zweifel extern beraten lassen.

4. Marketing

Grundlage jeder unternehmerischen Tätigkeit ist die Markt- und Kundenorientierung. Um erfolgreich seine Produkte am Markt zu verkaufen muss ein Unternehmen die Anforderungen kennen und seine Handlungen entsprechend ausrichten. Neben der Steuerung der Prozesse gehört hierzu die Positionierung am Markt.

Zur Erreichung dieser Ziele ist ein entsprechendes **Marketing** notwendig. Hierbei ist das sogenannte strategische Dreieck, welches den Marktbedingungen zugrunde liegt, zu beachten:

Unternehmen   ⇔   Kunde

⇗   ⇗

Konkurrenz

Das **strategische Dreieck** beschreibt die Wechselbeziehung zwischen dem eigenen Unternehmen, den Kunden sowie der Konkurrenz.

Marketing ist die systematische Informationsgewinnung und hieraus die zielgerichtete Konzeption und Durchführung marktbezogener Aktivitäten. Alle Maßnahmen zur Gestaltung des Absatzmarktes gehören zum

Absatzmarketing. Ziele des Marketings steht die Gewinnmaximierung durch hohe Absätze und gute Marktposition.

Marketing wird in Organisationen als Entwicklung der einzelnen Marketinginstrumente und der strategischen (d. h. langfristigen) Ausrichtung der Konzepte umgesetzt. Dabei wird die **Marketingkonzeption** immer in drei Stufen durchgeführt. Zuerst erfolgt das Informationsmanagement, dann folgt die Marketingplanung und in der letzten Stufe die Marketingimplementierung.

1. Stufe: Informationsmanagement

Die Konzeption startet mit dem Informationsmanagement. Hier findet eine systematische Informationsgewinnung (Marktforschung) statt. Diese bezieht sich auf die eigenen Stärken / Schwächen, die Stakeholder[1], die Wettbewerber und die (potenziellen) Kunden am Markt.

Dabei müssen die eigenen Ressourcen ermittelt werden, die es ermöglichen, sich vom Wettbewerber abzuheben. Im Rahmen der Informationsgewinnung wird dabei nicht nur der Ist-Zustand erhoben, sondern es werden auch

---

[1] Definition Stakeholder (Begriff des Marketings): Jede Organisation / Person die Erwartungen / Ansprüche gegenüber Unternehmen hat und direkt / indirekt Machtpotenziale besitzt, um diese auch durchzusetzen. Wichtigste Stakeholder sind die Kunden.

Prognosen bezüglich der zukünftigen Entwicklung getroffen. Nicht zu unterschätzen ist dabei die Einbeziehung der gesellschaftlichen Entwicklung. So sind die Themen demografischer Wandel und Energie schon heute essentiell.

2. Stufe: Marketingplanung

Aufgrund dieser Informationen werden dann die konkreten Marketingaktivitäten geplant. Diese sind abhängig von den strategischen Zielen des Unternehmens. So kann ein Ziel die Sicherstellung und Erhalt des bisherigen Marktanteils in einem bestimmten Produktsegment sein. Anhand dieser Marketingziele werden also die Strategien und Maßnahmen entwickelt und die passenden Kontrollinstrumente festgelegt. Strategien sind dabei langfristige Planungen, die den konkreten Marketingaktivitäten übergeordnet sind. Dies erfolgt im sogenannten Marketing-Mix.

3. Stufe: Marketingimplementierung

Sind die einzelnen Marketingaktivitäten geplant müssen im Rahmen der Marketingimplementierung die **geeigneten strukturellen Voraussetzungen** im Unternehmen geschaffen werden, sprich es werden die notwendigen Rahmenbedingungen festgelegt.

Beispiel für eine Marketingkonzeption:

Einführung neues Produkt Stuhl „Thron"

2. Kernelement	Kernelement	3. Kernelement
Informationsmanagement	**Marketingplanung u. –kontrolle**	**Marketingimplementierung**
Analysen und Prognosen über: - Kunden - Wettbewerber - eigenes UN - Stakeholder	Definition Marketingziele: Einführung Produktneuheit, Marktanteil nach einem Jahr mit diesem Produkt 5 %	Schaffung der notwendigen Rahmenbedingungen:
Vergleichbare Produkte am Markt	Definition Marketing-Strategien: Positionierung als innovativer und ökologischer Anbieter am Markt	UN-Kultur, Image
Lieferanten - Besonderheiten	Definition Marketing-Maßnahmen	Organisation
	Umsetzung: aktive Marketinghandlung	Geeignete Controlling Systeme
	Kontrolle: Soll-Ist-Vergleich	

4.1 Marketingstrategien

Marketingstrategien sind **langfristige Planungen** zu Entwicklung und Einsatz der Marketinginstrumente und Festlegung der Marketingziele. Es werden hierbei vier Strategien unterschieden:

a) **Marktdurchdringung**

Bei dieser Strategie sollen die vorhandenen Möglichkeiten besser genutzt werden. Dies kann durch Erhöhung der Nachfrage (z. B. Erhöhung der Verkaufseinheit pro Artikel / 20 % mehr Inhalt) oder durch Gewinnung von Neukunden erfolgen (z. B. Spielkonsolen speziell für Frauen)

b) **Marktentwicklung**

Hier sollen mit den vorhandenen Produkten neue Märkte erschlossen werden. Dies kann z. B. über neue Verwender (z. B. Kosmetikprodukte nun auch für Männer anbieten) oder über neue Verwendungszwecke (z. B. Nutzung von Frischkäse zum Backen) erfolgen.

c) **Produktentwicklung**

Hier werden neue Produkte auf bestehenden Märkten eingeführt. Dies kann z. B. über Cross-Selling-Strategien (z. B. Mobilfunkangebote im Lebensmittelhandel) oder mit Hilfe sogenannter Innovationsstrategien (z. B. Schokolade mit Keks kombinieren und den bisherigen Kunden anbieten) erfolgen.

d) Diversifikation

Bei dieser Strategie werden neue Produkte auf neuen Märkten eingeführt. Diese stehen mit dem bisherigen Angebot in keinem Zusammenhang. Dabei unterscheidet man zwischen horizontaler, vertikaler und lateraler Diversifikation. Beispiel: Ein Händler für Waschmaschinen handelt bisher ausschließlich mit Endkunden. Im Rahmen der horizontalen Diversifikation bietet erweitert er sein Angebot um Produkte auf gleicher Stufe, so bietet er nun auch Küchenmaschinen an. Im Rahmen der vertikalen Diversifikation werden neue Käufergruppen erschlossen. So bietet der Händler große Waschmaschinen nun auch gewerblichen Kunden an. Laterale Diversifikation bedeutet, dass neue Märkte mit neuen Produkten erschlossen werden, die zum bisherigen Markt in keinem Zusammenhang stehen. Auf unser Beispiel bezogen könnte dies z. B. sein, dass der Händler sich entscheidet, gewerbliche Pizzaöfen an Gastronomiebetriebe anzubieten.

4.2 Marktforschung

Um Informationen zu den ausgewählten Märkten zu erhalten bedarf es der Marktforschung. Hier werden die Daten erhoben, analysiert und ausgewertet.

Man unterscheidet dabei zwischen **Marktanalyse** und **Marktbeobachtung**. Marktanalyse ist die zeitpunktbezogene Erhebung von Daten, währen die Marktbeobachtung diese Daten über einen längeren Zeitraum erfasst.

Die Informationsquellen unterscheiden sich ebenfalls. Im Rahmen der sogenannten **Primärforschung** werden komplett neue Daten erhoben. Die kann über Befragungen oder Erprobungen erfolgen. Die **Sekundärforschung** zieht bereits vorliegende Daten heran und wertet diese nach den neuen Anforderungen aus. Dies können Berichte von Fachverbänden, Statistiken o. ä. sein. Diese Methode ist zwar kostengünstiger, liefert aber nicht zwingend passende Daten für die Erhebung.

Nachdem die Daten erhoben sind müssen sie ausgewertet werden. Aus dem Ergebnis werden dann Prognosen für die **zukünftige Marktentwicklung** erarbeitet.

4.3 Marketinginstrumente

Um das Produkt erfolgreich am Markt platzieren zu können bedarf es unterschiedlicher Maßnahmen. Diese werden im sogenannten Marketing-Mix festgelegt. **Marketing-Mix** ist die Zusammenstellung der einzelnen **Marketinginstrumente**. Diese werden auch als „**4P's**" bezeichnet:

1. Produktpolitik
2. Preispolitik
3. Place / Vertriebspolitik
4. Promotion / Kommunikationspolitik

4.3.1 Produktpolitik

Die Produktpolitik befasst sich mit der **Gestaltung des einzelnen Produktes** und dessen Produktlebenszyklus. Je nach Phase muss der Artikel entwickelt, am Markt eingeführt, Veränderung und schließlich wieder vom Markt genommen werden. Neben der eigentlichen Beschaffenheit des Produktes umfasst dieses Marketinginstrument die Festlegung von Verpackung, ergänzenden Leistungen und die Zusammenstellung aller Artikel zu einem Sortiment.

Das Produkt muss grundlegend mit dem **Anforderungsprofil** der Zielgruppe übereinstimmen. Dazu muss der **Kernnutzen** für den Kunden bestimmt werden. Kernnutzen sind die Funktions- und Gebrauchseigenschaften des Produktes. Dazu kommen Überlegungen zum Design und ggfs. zur Symbolik des Artikels.

Beispiel: Tablet

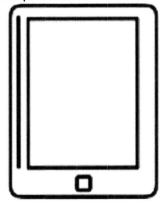

Kernnutzen: Internetzugang, portabel, Kommunikation, Kamera, Videos, MP3

Zusatznutzen: Speicher, Bücher und Texte

Zusatzleistung: Service, verlängerte Garantie

Design: Farbe, Form, Verpackung

Symbolik: Markenname, Assoziation Trend

Die **Marke** nimmt dabei eine wichtige Funktion für den Kunden ein. Unter „Marke" versteht man die Summe aller Vorstellungen, die beim Kunden hervorgerufen werden. Diese sollen beim Kunden Kaufanreize und die Bereitschaft für einen höheren Preis schaffen. Durch eine Marke wird ein Produkt vom Kunden einfacher wahrgenommen, er differenziert dies vom Wettbewerber und identifiziert ein bestimmtes Image mit dem Produkt. Die Marke fördert also die Kundenbindung.

Das Unternehmen entscheidet im Rahmen der **Produktgestaltung** also über folgende Punkte:

- **Produktinnovationen**

Entwicklung und Einführung neuer Artikel

- **Produktvariationen**

Veränderung oder Verbesserung bestehende Artikel

- **Produktdifferenzierung**

Unterschiedliche Ausgestaltung eines Artikels

- **Produktdiversifikation**

Einführung neuer Produktlinien

- **Produkteliminierung**

Herausnahme des Artikels aus dem Sortiment

Bei der Gestaltung der **Verpackung** ist zu beachten, dass diese nicht zur zweckmäßig sein muss, sondern auch diese den Kunden bereits ansprechen soll. Bereits die Verpackung soll zum Kauferlebnis beitragen.

Dazu verlangt der Kunde häufig zusätzliche **Serviceleistungen**, die sich am Produkt orientieren und sowohl die Phase des Kaufs als auch die Zeit danach berücksichtigen. Beispiele für solche Serviceleistungen sind Finanzierungsangebote, Reparatur, Entsorgung usw.

Die Zusammenstellung der gesamten Produktangebote ist das **Sortiment**. Im Rahmen der Sortimentspolitik als Bestandteil der Produktpolitik wird festgelegt, in welcher Anzahl und in welcher Art die Artikel angeboten werden sollen. Man unterscheidet hier die Sortimentsbreite und die Sortimentstiefe.

- **Sortimentsbreite**

Die Sortimentsbreite beschreibt die Anzahl der angebotenen Warengruppen.

Viele Warengruppen = breites Sortiment

Wenig Warengruppen = schmales Sortiment

Beispiele:

Breites Sortiment: ein Onlinehändler bietet neben Textilien auch Spielzeug, Sportartikel, Elektroartikel, Schmuck, Bücher, DVDs und Kleinmöbel an

Schmales Sortiment: ein Onlinehändler bietet nur Damenoberbekleidung an

- **Sortimentstiefe**

Die Sortimentstiefe beschreibt die Anzahl der Artikel innerhalb einer Warengruppe

Viele Artikel in einer Warengruppe = tiefes Sortiment

Wenige Artikel in einer Warengruppe = flaches Sortiment

Beispiele:

Tiefes Sortiment: ein Onlinehändler bietet in der Warengruppe Schuhe eine große Auswahl an unterschiedlichsten Modellen und Farben an

Flaches Sortiment: ein Onlinehändler bietet in der Warengruppe T-Shirts nur zwei Modelle an

Daneben gilt es zu definieren, welche Artikel zum **Kernsortiment**, und welche zum **Randsortiment** gehören. Kernsortiment ist der Hauptbestandteil des Sortiments, d. h. mit welchen Artikeln der Umsatz hauptsächlich generiert wird. Das Randsortiment ergänzt das Kernsortiment und enthält Artikel, die zusätzlich angeboten werden.

4.3.2 Preispolitik

Die Preispolitik legt den **Preis** fest, zu welchem ein Produkt am Markt angeboten werden soll. Dieser Preis soll so gestaltet sein, dass er dem Verbraucher Kaufanreize bietet.

Bei der Gestaltung des Preises unterscheidet man drei strategische Grundmodelle:

1. **Marktdurchdringung** (Penetration Price): niedriger Einführungspreis, schnelle Absatzsteigerung

2. **Marktabschöpfung** (Skimming Price): hoher Einführungspreis, im weiteren Verlauf des Lebensyklus Preissenkungen

3. **Marktpreisstrategie** (Präferenzstrategie): Preis dauerhaft über dem durchschnittlichen Marktpreis

Bei der Preisgestaltung kann sich der Onlinehändler an der Nachfrage, der Konkurrenz oder den eigenen Kosten orientieren. Bei der nachfrageorientierten Preispolitik orientiert sich das Unternehmen an den

Preisvorstellungen der Kunden. Die **konkurrenzorientierte Preispolitik** orientiert sich bei starken und vielen Wettbewerbern an der Konkurrenz. Hier bleibt kaum Spielraum für eine eigene Preisgestaltung. Bei der **kostenorientieren Preispolitik** legt das Unternehmen die Selbstkosten plus Gewinnzuschlag zu Grunde.

Preise können auch unterschiedlich hoch sein. Bei der **Preisdifferenzierung** werden Preise für unterschiedliche Abnehmer oder Zeiten festgelegt. Folgende Möglichkeiten der Preisdifferenzierung gibt es:

- **personelle Preisdifferenzierung**

  für unterschiedliche Personengruppen werden unterschiedliche Preise festgelegt

- **räumliche Preisdifferenzierung**

  die Preise unterscheiden sich nach Verkaufsort, z. B. nach Bundesland

- **zeitliche Preisdifferenzierung**

  die Preise unterscheiden sich nach Zeiträumen, z. B. sind Ski im Sommer günstiger

- **produktbezogene Preisdifferenzierung**

  innerhalb der Produktgruppe werden Preise differenziert, z. B. Bücher mit Hardcover oder als Taschenbuch

- **mengenmäßige Preisdifferenzierung**

  hier werden für unterschiedliche Abnahmemengen unterschiedliche Preise festgelegt, z. B. Mengenrabatte

4.3.3 Place / Distributionspolitik

Im klassischen Marketing werden hier die **Distributionswege** des Produktes zum Kunden festgelegt. Neben Maßnahmen der Warenverteilung fallen hierunter auch Maßnahmen der Kundengewinnung.

Vertriebsorgane werden in unternehmensinterne und unternehmensexterne Vertriebsorgane unterschieden. **Unternehmensinterne Organe** sind z. B. der Innendienst und der Außendienst (sog. Reisende). Unternehmensexterne Organe sind z. B. Vertragshändler.

Zu den **externen Organen** gehören auch die sogenannten Absatzhelfer. Dies sind rechtlich selbständige Personen, die für das Unternehmen Geschäfte vermitteln oder abschließen.

Folgende **Absatzhelfer** stehen zur Verfügung:

- **Handelsmakler**

  vermittelt in fremdem Namen und für fremde Rechnung Geschäfte

- **Kommissionär**

  handelt im eigenen Namen und für fremde Rechnung, bezahlt die Waren erst bei Weiterverkauf

- **Handelsvertreter**

  handelt im fremden Namen für fremde Rechnung, übernimmt Aufgaben wie der Reisende

Die **Vertriebswege** oder Absatzwege entstehen durch die Auswahl oder Kombination von Vertriebsorganen. Dabei unterscheidet man zwischen indirektem oder direktem Vertriebsweg.

Beim **direkten Vertriebsweg** verkauft der Onlinehändler seine Waren direkt an den Endverbraucher, während beim **indirekten Vertriebsweg** externe Vertriebsorgane eingeschaltet werden.

Die Entscheidung für oder gegen eigene Absatzorgane ist abhängig von unterschiedlichen Faktoren. Neben dem Kostenfaktor (eigene Reisende müssen immer bezahlt werden, fremde Organe z. B. nur in Form einer Provision) spielen dabei Marktkenntnisse und Kenntnisse zu vergleichbaren Produkten eine entscheidende Rolle.

4.3.4 Promotion / Kommunikationspolitik

Hier wird das **interne und externe Kommunikationskonzept** festgelegt, d. h. mit welchen Mitteln und über welche Kanäle Informationen an den Kunden übermittelt werden sollen, um deren Verhalten zu beeinflussen. Neben der **Werbung** gehört zu diesem Instrument auch die **PR**.

Ziel der Kommunikationspolitik ist die Steigerung des Bekanntheitsgrades sowie des Unternehmensimages, der Produkte sowie das Auslösen der Kaufabsicht beim Kunden. Die Instrumente der Kommunikationspolitik sind die klassische Werbung, Verkaufsförderung, Public Relations, Messen, Product Placement und Sponsoring.

Klassische Werbung

Werbung bezieht sich auf ein konkretes Produkt und soll mit Hilfe der AIDA-Formel das Kaufinteresse beim Kunden wecken.

AIDA-Formel:

A   Attention: Aufmerksamkeit erregen

I   Interest: Interesse wecken

D   Desire: Kaufwunsch wecken

A   Action: Kauf des Produkts

Zur Durchführung der Werbung wird ein Werbeplan erstellt, in welchem die Zielgruppe, die Werbebotschaft, Werbemittel und Werbeträger und das Werbebudget festgelegt werden.

Verkaufsförderung

Die Verkaufsförderung umfasst alle Maßnahmen, die am Verkaufsort einge-setzt werden. Die Händler sollen dabei in ihren Absatzbemühungen unter-stützt werden. Verkaufsförderung kann sich auf den Einzelhandel oder die Kunden, sowie auf das eigene Verkaufspersonal (Reisende) beziehen.

Beispiele: Verkäuferschulungen, Händlerwettbewerbe, Displays für den POS, Preisausschreiben u. ä.

Public Relations

Public Relations (Öffentlichkeitsarbeit) dient der Beziehungspflege zwischen Unternehmen und Öffentlichkeit. Das Unternehmen versucht, ein möglichst positives Bild in der Öffentlichkeit zu erzeugen. Dies kann zum Beispiel über entsprechende Presseberichte, soziale Beteiligungen o. ä. erreicht werden.

Messen

Messen sind Veranstaltungen, auf der sich unterschiedliche Anbieter zu be-stimmten Themen präsentieren. Eine Teilnahme an solchen

Veranstaltungen ist wichtig, um beim Konsumenten präsent zu sein und sich entsprechend gegen den Wettbewerber zu platzieren.

Product Placement

Product Placement ist die gezielte Einbindung eines Produktes oder Logos in die Handlunge eines Buches, Filmes oder einer Fernsehproduktion. Durch diese Form der „versteckten Werbung" soll eine positive Wirkung des Produkts auf den Konsumenten erreicht werden. Beispiel für ein solches Product Placement ist dass der Held einen bestimmten Sportwagen fährt. Hierfür zahlt der Sportwagenhersteller entsprechende Summen.

Sponsoring

Sponsoring ist die Förderung von Institutionen, Vereinen o. ä.. Im Gegensatz zu Spenden erhält das Unternehmen hier aber eine Gegenleistung, da es z. B. beim Sponsoring von Fußballvereinen die Umworbenen direkt erreicht werden können.

4.4 Marketing-Mix

Sind in den einzelnen Marketinginstrumenten die Maßnahmen benannt, werden diese zum sogenannten Marketing-Mix zusammengefasst. Alle Entscheidungen und Handlungen, die für eine erfolgreiche Platzierung von Unternehmen und Produkten am Markt wichtig sind umfassen den Marketing-

Mix. Ziel jeder Marketingaktivität ist die Kundenbindung, d. h. die langfristige Bindung des Kunden an das Unternehmen.

4.5 Online-Marketing

Neben den klassischen Wegen im stationären Handel hat der Direktabsatz über den Onlinehandel und die Darstellung des Unternehmens in den Onlinemedien eine wichtige Bedeutung angenommen. Der Begriff E-Commerce beschreibt dabei die **Handelsprozesse im Feld des E-Business**, d. h. die Abwicklung der Geschäftsprozesse über das Internet. Dabei geht es im Handel vorwiegend um die Geschäftsbeziehung zwischen Unternehmen und Kunden, das sogenannte Business-to-Customer-Geschäft (B2C).

Bestandteil des E-Commerce ist das Online-Marketing. Darunter versteht man alle Maßnahmen um Besucher auf die eigene oder eine bestimmte Website zu lenken, um von dort Geschäfte tätigen zu können. Neben den Maßnahmen, die direkt im Internet abgewickelt werden gehören dazu auch Maßnahmen, welche Besucher gezielt auf die **Internetpräsenz** aufmerksam machen. Das kann zum Beispiel der Verweis auf die Homepage in einer Printwerbung oder den Onlineshop des Unternehmens sein. Es geht also um den Direktabsatz über Online-Dienste wie das Internet. Zum Teil wird der Direktabsatz übers Internet mit dem stationären Handel verknüpft (sog. Hybrider Handel).

Onlinemarketingstrategien sind abhängig von der angestrebten Zielgruppe, dem angestrebten Kundennutzen, der Wettbewerbssituation des Unternehmens und den eigenen Stärken und Schwächen. So muss ein Unternehmen ganz grundsätzlich zwischen den Strategien online, offline und hybrid wählen.

Eine sogenannte **Online-Strategie** eignet sich für Unternehmen, die vollständig auf einen stationären Handel verzichten möchten. Hier ist der Vertriebsweg ausschließlich über einen Onlineshop möglich (wie z. B. bei Amazon).

Vorteile für das Unternehmen bei Wahl dieses Geschäftsmodells:

- Wegfall von Verkaufspersonal vor Ort
- Wegfall Kauf oder Miete von Handelsstandorten
- Vereinfachung der internen Prozesse
- (Onlinebestellung, Kommissionierung, Rechnungslegung, Versand).

Die **Offline-Strategie** setzt dagegen nur auf den stationären Handel, das Unternehmen bietet seine Waren nicht online an (wie z. B. Aldi). Diese Strategie kann gewählt werden, wenn ausgehend von der Marktsituation auf ein Onlineangebot verzichtet werden kann. In der heutigen Zeit wird dies allerdings in den wenigsten Fällen eine zukunftsträchtige Strategie sein, da gerade die jüngere Generation mit der Nutzung der neuen Medien groß geworden ist und den Kauf über Onlineshops als völlig geläufig ansieht und dies auch erwartet.

Bei der **Hybrid-Strategie** bietet das Unternehmen neben dem stationären auch einen Online-Handel an. Dabei kann im Onlineshop das gesamte oder Teile des Sortiments angeboten werden. Bei dieser Strategie sollen dem Kunden die Vorteile beider Varianten geboten und miteinander verknüpft werden. Während im stationären Handel die Beratung im Vordergrund steht, ist der Kunde durch das Onlineshopping unabhängig von den herkömmlichen Öffnungszeiten. Zudem kann er die Produkte besser miteinander vergleichen und erfährt meist eine höhere Flexibilität z. B. in der Möglichkeit der Bezahlung.

Nachteil von Onlinekonzepten ist die **eingeschränkte Möglichkeit** der Produktpräsentation und die entstehenden **Zusatzkosten** durch den Versand an die Endkunden. Zudem müssen Maßnahmen zum **Datenschutz** ergriffen werden sowie die Besonderheiten des **Fernabsatzvertrages** Berücksichtigung finden. Das bedeutet, dass wie bereits thematisiert die Allgemeinen Geschäftsbedingungen dem Kunden stets aktuell und einfach zugänglich sein müssen.

Um erfolgreich E-Commerce betreiben zu können bedarf es einer entsprechenden **Strategie des Onlinemarketings** als Bestandteil des herkömmlichen Marketing-Mix. So müssen für erfolgreiche Onlineangebote geeigneten Medien und Instrumente ausgewählt werden. Es ist zu entscheiden, ob das Unternehmen über eine **eigenen Website** (sog. Owned Media), über **Banner- / Onlinewerbung** (sog. Paid Media) oder über das **Viralmarketing** (sog. Earned Media) seinen Onlineauftritt gestalten möchte.

Bei der Entscheidung für eine **eigene Website** muss festgelegt werden, ob das Unternehmen diese als Mobile Site, als Blog oder als Seite in den sozialen Medien gestalten möchte. Denn Kunden nutzen nicht nur stationäre Geräte, sondern greifen auch über Smartphones direkt auf die Firmenwebsites zu.

Im Rahmen der **Paid Media** ist neben der Wahl der Art der Seite z. B. auch die **Suchmaschinenwerbung** (Keywordadvertising) zielgerichtet anzupassen. Denn nur durch den richtigen Einsatz der Suchmaschinenwerbung (sog. SEO) kann die Website durch Eingabe in die Suchmaschine schnell und einfach gefunden werden. Eine nicht gut durchdachte Suchmaschinenwerbung führt dazu, dass die eigene Homepage z. B. erst nach den Seiten der Konkurrenz angezeigt wird und somit Kunden verloren gehen können.

Um dies zu verhindern ist ein wichtiger Bestandteil des Onlinemarketing das sogenannte **Suchmaschinenmarketing** (SEM). Es besteht aus zwei

Instrumenten, der Suchmaschinenwerbung (SEA, Search Engine Advertising) und der Suchmaschinenoptimierung (SEO, Search Engine Optimization).

- **Suchmaschinenwerbung** (SEA)

Hier werden Banner oder Anzeigen gekauft, die entsprechend auf der Ergebnisseite der Suchmaschine angezeigt werden. Die Steuerung erfolgt dabei über frei wählbare Suchbegriffe.

- **Suchmaschinenoptimierung** (SEO)

Hier soll die eigene Website möglichst auf der ersten Seite der Suchergebnisse angezeigt werden. Dazu soll im Index der Suchmaschine ein möglichst hohes Ranking erreicht werden. Dazu gibt es zwei Möglichkeiten:

1. OnPage-Optimierung

   Hier erfolgt eine inhaltliche Anpassung der eigenen Website. Die Seiteninhalte (unique content) werden hinsichtlich Qualität, Inhalt, Formatierung, Überschrift usw. optimiert. Daneben erfolgt technisch eine Quellcodeoptimierung, d. h. dass die entsprechenden Meta-Elemente verbessert werden. Meta-Elemente sind die Informationen, welche von Webbrowsern oder Suchmaschinen gelesen und interpretiert werden.

2. OffPage-Optimierung

Hier werden möglichst viele Links generiert, da diese für das Ranking in einer Suchmaschine ein wichtiger Faktor sind.

Das **Viralmarketing** oder sog. Earned Media hat zum Ziel, ohne Bezahlung durch reine Kommunikation an den Endverbraucher herangetragen zu werden. Relevante Inhalte, die das Unternehmen weitergeben möchte, sollen durch Internetnutzer an andere Internetnutzer verbreitet werden. Hierzu müssen entsprechende Anreize zur Weiterleitung geschaffen werden. Dies erfolgt zum Beispiel durch Gutscheine, besondere Insider-Informationen o. ä. Bei dieser Strategie entfallen die Verbreitungskosten, allerdings ist der Verbreitungsgrad auch nicht planbar, da er von den Usern abhängt.

Die Gestaltung des **Onlineauftritts** bedarf einer grundlegenden Planung. Ziel ist die Sicherstellung einer hohen **Wirkungsintensität** der Website. Um dies zu erreichen müssen die folgenden Aspekte berücksichtigt werden:

- zielgruppengerechte Inhalte
- Erzeugung hoher Aufmerksamkeit
- zielgruppengerechte optische Gestaltung der Seite
- interaktive und multisensuale Ansprache zur intensiven Reizverarbeitung

- staffelbare Informationstiefe durch entsprechende Seitengestaltung (Verlinkungen)
- Vernetzung von Nutzungsinhalten und Werbeinhalten

Nicht zu vernachlässigen ist die Möglichkeit des **Social-Media-Auftritts**. Dies ist ein stark wachsendes Feld der Onlinekommunikation und kann über unterschiedliche Medientypen (Blogs, Wikis, Facebook) erfolgen. Der Vorteil von Social-Media-Angeboten ist die schnelle Verteilbarkeit der Informationen und die zielgruppengerechte Präsens in den präferierten Medien. So sollte jedes moderne Unternehmen in den gängigen Social-Media-Plattformen vertreten sein, um von den Zielgruppen wahrgenommen zu werden.

Im Onlinemarketing sollten zudem die wichtigsten Trends im E-Commerce Berücksichtigung finden. Hierzu gehört der Einsatz von **künstlicher Intelligenz (KI)**. Ein Beispiel hierfür ist das sogenannte **Voice Search**.

Durch Voice Search verändern sich die Anforderungen an die Suchmaschinen bzw. Suchoptionen. Nutzer von Voice Search suchen inhaltlich umgangssprachlicher und unter Zuhilfenahme längerer Keywords, als dies bisher in den herkömmlichen Suchen der Fall gewesen ist. Daher muss der Onlinehändler seine Keywords entsprechend anpassen.

Neben Voice Search kann die künstliche Intelligenz aber auch für die **Filterung** von falschen Bewertungen eingesetzt werden. Bewertungen haben großen Einfluss auf Kaufentscheidungen, so dass hier ein besonderes Augenmerk des Onlinehändlers liegt.

Weitere Entwicklungen können im Rahmen der **Personalisierung** erwartet werden. Onlinehändler werden weiterhin an individualisierten Angeboten arbeiten müssen, um ihre Kunden zielgerichtet zu erreichen. Das beinhaltet neben direkten Ansprachen per Mail oder Newsletter auch individualisierte Onlineshops. Hierzu stellt der Kunde z. B. seine Daten über die Eingabe in ein Profil zur Verfügung Dadurch können vom Onlinehändler in der Folge Kundeninteressen, Kaufhistorien und andere Verhaltensdaten analysiert und für weitere individualisierte Anpassungen verwendet werden.

Auch die sogenannten **Landing Pages**, das ist die erste Seite, auf die ein Nutzer gelangt, wenn er über eine Suchmaschine weitergeleitet wird, können zukünftig individuell an die Nutzer angepasst werden. Auf Basis der Nutzeranalysen können z. B. die einzelnen Touchpoints auf die Nutzer angepasst werden.

Ein weiteres wichtiges Thema ist die **Augmented Reality**. Dies beschreibt eine sogenannte erweiterte Realität, d. h. dem Nutzer werden zusätzliche virtuelle Angebote unterbreitet.

Beispiel: Ein Onlinehandel mit Brillen. Der Kunde nimmt über die Webcam ein Foto von sich auf und kann so online die entsprechenden Brillenmodelle direkt anprobieren. Dies soll das Problem der hohen Retourenquote deutlich reduzieren. Auch andere Anbieter arbeiten bereits mit entsprechenden Lösungen, die z. B: auch über Apps gesteuert werden.

Ein weiterer Trend ist die Möglichkeit, dass Kunden **außerhalb** der Onlineshops, d. h. auf anderen Websites, z. B. über Buy-Buttons angezeigte Produkte direkt erwerben können. Dieses Prinzip nennt sich Contextual Commerce.

4.6 Customer-Relationship-Management

Ziel jeder unternehmerischen Handlung ist die **Sicherstellung eines langfristigen Erfolges.** Um diesen zu garantieren ist es für den Handel wichtig, sich an den Kundenwünschen zu orientieren. Hierzu dient das Customer-Relationship-Management oder **Kundenbeziehungsmanagement**. Dieser Begriff bezeichnet die Gesamtheit der Kundenbeziehungsprozesse.

Der stationäre Handel hat für die Kundenpflege andere Instrumente zur Verfügung als der Onlinehandel. Aber auch in Webshops muss z. B. der After-Sales-Service Beachtung finden, um langfristig Kunden zu binden.

Zur Schaffung eines **Vertrauensverhältnissens** zwischen Kunden und Unternehmen dienen die sogenannten Kundenbeziehungsprozesse. Diese sind eine wichtige Grundlage zur Bildung einer langfristigen Kundenbindung. Neben den klassischen Instrumenten ist dabei das Internet ein wichtiger Bestandteil in der strategischen Gestaltung und Pflege der Kundenbeziehungen geworden. Um sich von der Konkurrenz abzusetzen und hier geeignete Wege zu finden, Neukunden zu akquirieren und Bestandskunden zu binden, müssen immer wieder vorhandene Marketingmaßnahmen überprüft und angepasst werden.

Ziel eines erfolgreichen Kundenbeziehungsmanagements ist neben der Ertragssteigerung und der Schaffung von langfristigen Synergieeffekten, die Information der Kunden und die Schaffung einer Kundenzufriedenheit.

4.6.1 Customer-Relationship-Management im E-Commerce

Das Customer-Relationship-Management (Kundenbeziehungsmanagement) ist auch im E-Commerce ein wichtiger Bestandteil. Denn Ziel ist auch hier die **langfristige Bindung der Kunden an das Unternehmen**. Dazu werden für einen personalisierten und gezielten Kundenservice persönliche Daten und Informationen über die Kunden gesammelt und verwaltet. Diese Kundeninformationen werden für Marketing- und Vertriebszwecke genutzt, um die Kundenprozesse zu optimieren. So können gezielte Werbeaktionen anhand der Daten nach den Kundenbedürfnissen durchgeführt werden. Es steht dabei nicht das verkaufte Produkt, sondern vielmehr der Kunde und der Kunden-service im Mittelpunkt des Unternehmensprozesses.

Das Kundenbeziehungsmanagement selber besteht aus **vier Komponenten**:

1. Analyse der Daten und Gewinnung relevanter Informationen
2. operative Nutzung der Informationen
3. Verwaltung der Kommunikationskanäle
4. Umsetzung

Wird das Kundenbeziehungsmanagement mit dem Onlinemarketing ver-knüpft, führt dies zu einem verbesserten Kundenkontakt. Denn über das In-ternet können potentielle Kunden z. B. direkt informiert werden. Somit hat eine Verknüpfung den Vorteil, dass die Kundendaten gezielt eingesetzt wer-den können. Allerdings bedarf eine Ansprache über das Internet meist einer mehrmaligen Wiederholung, bis es zum gewünschten Erfolg –Kauf der Wa-ren - beim Kunden kommt.

Zur Überprüfung des Erfolges der Ansprache über das Internet sollte ein ent-sprechendes Kontrollinstrument implementiert werden, um unrentable Kampagnen schnell identifizieren zu können. Dies kann zum Beispiel der Ab-gleich von gesendeten Informationen zu Umsatzsteigerungen u. ä. sein.

Kundenbeziehungsprozesse sind Maßnahmen zur Gestaltung der Händler-Kunden-Beziehung. Sie sind verankert in der kundenorientierten Unternehmensführung. Denn der Markt, auf dem sich ein Unternehmen bewegt, legt bestimmte Rahmenbedingungen (z. B. die Nachfrage, die Konkurrenz) fest, auf die mit entsprechenden Maßnahmen reagiert werden muss. Dabei ist der Umgang mit dem Kunden der entscheidende Faktor, ob ein Unternehmen erfolgreich ist. Das Handeln des Unternehmens muss sich also an den Bedürfnissen der Kunden orientieren.

Kunde ist dabei ein tatsächlicher oder potentieller Nachfrager auf dem Markt. Der Ort, an dem die Ware angeboten und verkauft wird nennt man Point-of-Sales (POS). Hier hat der Kunde direkten Kontakt mit der Ware und hier finden alle Maßnahmen zur Verkaufsförderung statt. Dabei spielen neben den produktbezogenen auch konkrete Bedürfnisse im direkten Kundenkontakt eine Rolle. So erwartet der Kunde am POS eine individuelle Beratung von fachkundigem Verkaufspersonal, eine ansprechende Warenpräsentation, besondere Serviceangebote und einen sogenannten Erlebnis-Aspekt (d. h. das Ambiente muss vom Kunden als angenehm empfunden werden). Diese Anforderungen lassen sich im direkten Kundenkontakt durch entsprechendes Personal und weiterer Maßnahmen zielgerichtet erfüllen. Die genannten Anforderungen werden beim **Onlinekauf** allerdings von anderen Bedürfnissen des Kunden überlagert. Kunden, die online einkaufen, möchten von Öffnungszeiten unabhängig sein, einen direkten Zugriff auf den Shop

/ das Unternehmen haben, schneller Preise vergleichen und direkte Verfüg-barkeiten prüfen können. Wichtig ist also die Auswahl der geeigneten **On-linevertriebswege** zur zielgruppengerechten Kundenansprache.

Kundenbeziehungen über E-Commerce zu gestalten erfordert zudem eine ständige Anpassung an die Zielgruppe und Nutzung der neuesten Möglich-keiten des Onlinemarketings. So ist die **Qualität der Onlinekontakte** zum Kunden ein elementarer Erfolgsfaktor. Allein die Anzahl der Besucher einer Homepage sagt wenig aus. Im Rahmen einer Erfolgsmessung muss daher die Anzahl der Klicks ins Verhältnis zu den erreichten Geschäftsabschlüssen ge-setzt werden. So erhält die Unternehmensleitung relevante Kennzahlen, die sie für die weitere strategische Planung einsetzen kann.

Neben der Gewinnung von Neukunden über die Onlinemedien ist die **Pflege der Bestandskunden** wichtiger Bestandteil des E-Commerce. Durch die Da-tengewinnung bei der Nutzung von Onlinemöglichkeiten kann die Kommu-nikation mit dem einzelnen Kunden zielgerichteter als bisher erfolgen. So kann zum Beispiel die Steuerung der Kontaktaufnahme erleichtert werden und Vorschläge für attraktive Angebote kundengenau erfolgen. Unterstützt wird das Onlinemarketing durch entsprechende Software. Auch im Rahmen des Kundenservice ergeben sich eine bessere Planbarkeit und Ressourcen-planung für das Unternehmen, da kundenspezifische Angebote realisiert werden können.

Über das Kundenbeziehungsmanagement werden also mit Hilfe des Online-marketings **Kundenprofile** definiert, welche Grundlage für weitere Marke-tingaktivitäten sind. Neben der zielgerichteten Ansprache kann das Kunden-profil zum Beispiel auch dazu genutzt werden, gezielte Aktionen für be-stimmte Kunden zu generieren.

Neben der Gestaltung der Aktivitäten Online muss aber auch die **interne Or-ganisation** des Unternehmens angepasst werden. Das Kundenbeziehungs-management setzt voraus, dass die erhobenen Daten entsprechend ausge-wertet und verarbeitet werden. Hier ist eine enge Zusammenarbeit zwi-schen Marketing und Vertrieb notwendig.

4.7 Umsetzung Online-Marketing

Die Umsetzung der festgelegten Marketinginhalte erfolgt im Prinzip in der **technischen Realisierung**. Dabei sind viele technische Vorgänge für den Kun-den nicht sichtbar, dieser sieht die Ergebnisse lediglich in Form des Screen-Designs, des Content-Designs und des Navigationsdesigns.

Screen-Design umschreibt die grafische Gestaltung der Benutzeroberfläche auf dem Bildschirm, d. h. alles was hier sichtbar ist.

Content-Design ist die Gestaltung digitaler Inhalte um Umsatzsteigerungen zu generieren.

Navigationsdesign ist die Gestaltung der Informationsführung der Nutzer einer Website.

Aspekte für eine erfolgreiche Umsetzung der Onlinemarketingstrategien sind wie folgt:

- hohe situative Aufmerksamkeit des Users
- User empfindet Umfeld als angenehm
- interaktive und multisensuale Ansprache das Kunden und dadurch intensive Auseinandersetzung mit den Inhalten
- User empfindet Kontrolle über sein Verhalten
- Inhalte können individualisiert werden
- Informationstiefe kann gestaffelt werden
- Information und Werbung werden optimal vernetzt

Sind diese Aspekte gelungen tritt ein **hoher Wirkungsgrad** der getroffenen Aktivitäten ein. Dies ist auch der entscheidende Vorteil für Unternehmen, die Onlinemedien gezielt einsetzen. Daneben zeichnen sich Onlinemaßnahmen durch eine geringe Kostenstruktur, einer örtlichen Unabhängigkeit, einer schnellen und einfachen Informationsbereitstellung in nahezu unbegrenzter Menge aus. Nachteilig sind die rasanten technischen Entwicklungen in diesem Bereich und das der Prozess der Informationsaufnahme beim Kunden kaum steuerbar ist.

4.8 Customer Journey

Customer Journey beschreibt die „Reise" eines Verbrauchers über verschiedene **Kontaktpunkte** (Touchpoints) bis zur Durchführung einer bestimmten Zielhandlung. Die gängigste Zielhandlung im E-Commerce ist die Bestellung.

Kontaktpunkte (Touchpoints) können klassische Werbung, Onlinemarketingmaßnahmen, Bewertungsportale o. ä. sein. Visuell lässt sich der Weg des Kunden vom ersten Interesse bis zur Zielhandlung in einer sogenannten Customer Journey Map darstellen.

Die **Auswertung** der Customer Journeys verfolgt dabei das Ziel, das Verhalten der Verbraucher zu verstehen und den Weg der Interessenten zur Conversion (d. h. bis zu dem Vorgang, bei welchem der Marketingempfänger die gewünschte Aktion durchführt) zu optimieren. Online lassen sich die Touchpoints mit Hilfe sogenannter Tracking Tools nachverfolgen.

Tracking Tools können z. B. die Besucherdaten über mehrere Domains hinweg aufzeichnen und auswerten (sog. Cross-Domain Tracking) oder sie ermitteln, mit welchen Endgeräten die Nutzer auf die Website zugegriffen haben (sog. Cross-Device Tracking).

Nachteil der Auswertung von Customer Journeys ist, dass jeder Touchpoint in gewisser Weise Einfluss auf den Verbraucher nimmt und sich schwer bewerten lässt, welcher Kontaktpunkt letztendlich zur Conversion geführt hat. Weitere Probleme in der Auswertung können sich zudem durch die Datenschutzbestimmungen ergeben. Löscht z. B. ein User seine Cookies ist ein Tracking nicht mehr möglich.

Beispiel für eine Customer Journey:

Ein Verbraucher wird aufgrund einer Onlinekampagne auf einen neuen Akku-Rasenmäher aufmerksam. Er sieht diesen sowohl in einer Onlinewerbung auf der Seite eines Bloggers und erhält zudem von einem Baumarkt, bei dem er registriert ist, ein entsprechendes Newsletter. Da er das Produkt interessant findet gibt er die Bezeichnung in die Suchmaschine ein. Hier erscheint als erstes Ergebnis das Angebot eines Onlinemarktanbieters. Der Verbraucher klickt sich hier durch, erhält aber nur unzureichende Informationen. Er kehrt zur Suchmaschine zurück und gelangt schließlich auf die Website des Baumarktes. Durch eine gute Produktdarstellung zieht er den Kauf des Akku-Rasenmähers in Erwägung, ist aber noch unsicher. Daher wechselt er auf unterschiedliche Bewertungsportale, um sich hierzu weitere Meinungen einzuholen. Da die Bewertungen zu dem Produkt durch die Bank positiv sind entsteht nun der konkrete Kaufwunsch. Der Kunde möchte den Akku-Rasenmäher online bestellen und im Baumarkt selber abholen, um Versandkosten zu sparen. Er wechselt daher in den Onlineshop des

Baumarktes und führt die Bestellung entsprechend aus. Da er die Informationen und Benutzerführung positiv findet, registriert er sich direkt mit einem Kundenkonto.

4.8.1 Customer Journey Map

Um die **Kundenbedürfnisse** und das **Kundenverhalten** besser zu verstehen kann die Customer Journey visualisiert werden. Hierzu wird in fünf Schritten eine sogenannte Customer Journey Map entwickelt:

1. Schritt: Zielgruppe definieren
Zuerst muss festgelegt werden, welche Zielgruppe betrachtet werden soll. Dazu entwickelt man eine fiktive Person und versucht Kaufmotive zu benennen.

2. Schritt: Touchpoints definieren
Nun müssen sowohl der Umfang der zu untersuchenden Touchpoints als auch die Kontaktpunkte selber bestimmt werden. Je umfangreicher diese ausgewählt werden, desto aussagefähiger ist das Ergebnis.

3. Schritt: Touchpoints in eine zeitliche Reihenfolge bringen
Nun müssen die Touchpoints mit Hilfe einer Timeline zeitlich sortiert werden.

4. Schritt: Kundenzufriedenheit messen

Im nächsten Schritt muss zu jedem einzelnen Touchpoint die Kundenzufriedenheit ermittelt werden. Dies kann mit Hilfe von Umfragen (sehr aufwän-
dig) oder aber durch Schätzung erfolgen.

5. Schritt: Customer Journey Map erstellen

Bezogen auf das dargestellte Beispiel könnte die Customer Journey Map
hierfür wie folgt aussehen:

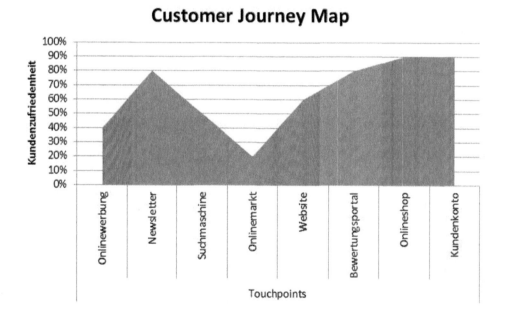

An dieser Map wird sichtbar, dass es hinsichtlich des Onlinemarktes Verbes-
serungspotenzial gibt.

Die **Ergebnisse** der Customer Journey Map können also helfen, die Kundenzufriedenheit zu verbessern. Zusätzlich erhält das Unternehmen Informationen, welche Erweiterungspotenziale in Form von zusätzlichen oder andere Kontaktpunkten existieren. Aufgrund der hohen Informationsdichte im Internet ist es notwendig, Kunden so zielgerichtet wie möglich anzusprechen.

5. Kundenkommunikation - Kommunikationsstörungen

5.1 Umgang mit Reklamationen

Grundsätzlich besteht kein Rechtsanspruch auf einen Umtausch von mangelfreier Ware. Ein einmal geschlossener Vertrag ist für beide Vertragsparteien im Verpflichtungs- und Erfüllungsgeschäft verbindlich. Ändert ein Kunde hinsichtlich seiner Kaufentscheidung die Meinung, weil ihm das Produkt nicht mehr gefällt oder er es bei einem anderen Händler zu einem günstigeren Preis sieht, sind dies keine Gründe für einen Umtausch. Würde der Verkäufer dennoch das Produkt zurücknehmen wäre dies freiwillig – aus Kulanz.

Möchte ein Kunde vorab sicherstellen, dass er auch fehlerfreie Ware zurückgeben oder umtauschen kann, muss er dies mit dem Verkäufer beim Abschluss des Vertrages ausdrücklich vereinbaren. Für den Verkäufer empfiehlt es sich ebenfalls, Umtauschrechte schriftlich einzuräumen und unmissverständlich darauf hinzuweisen, welche Artikel in jedem Fall vom Umtausch ausgeschlossen sein sollen. Dieser Hinweis gehört im Rahmen der Informationspflicht auf die Website.

Anders ist die Rechtslage bei **berechtigten Reklamationen** aufgrund eines Mangels oder Fehlers der Ware. Ein Umtauschausschluss im Kaufvertrag wäre hier unwirksam. Lediglich wenn vor dem Kauf ausdrücklich auf die Fehlerhaftigkeit der Ware (Schönheitsfehler, 2. Wahl, u. a.) hingewiesen wurde, ist in diesen Fällen eine Reklamation ausgeschlossen.

5.1.1 Reklamation bei mangelhafter Ware

Bei Übergabe an den Käufer muss die Ware **mangelfrei** sein. Ist sie dies nicht, entstehen für den Kunden verschiedene Ansprüche, sogenannte Gewährleistungsrechte, gegen den Verkäufer.

Ein Mangel liegt immer dann vor, wenn der tatsächliche Zustand der Ware zum Zeitpunkt der Übergabe von der im Kaufvertrag vereinbarten Beschaffenheit abweicht. Wurde keine Vereinbarung hierüber getroffen, muss die Ware für die nach dem Vertrag vorausgesetzte Verwendungsart geeignet sein, bzw. die für eine solche Sache übliche Beschaffenheit aufweisen. Dies regelt das BGB. Mängel sind beispielsweise technische Defekte oder die Eigenschaft als Unfallfahrzeug bei einem ohne entsprechenden Hinweis verkauften Gebrauchtwagen.

War beiden Seiten klar, dass die Sache funktionsuntüchtig ist, stellt dies allerdings keinen Mangel dar.

Zu der maßgeblichen Beschaffenheit zählen auch Eigenschaften, die der Kunde nach öffentlichen Werbeaussagen erwarten durfte. Wird also ein Fahrzeug als "extrem sparsam" angepriesen, muss es auch tatsächlich einen besonders niedrigen Verbrauch aufweisen, ansonsten ist das Fahrzeug mangelhaft.

Auch die Lieferung einer anderen als der vereinbarten Ware gilt als Sachmangel. Ebenso ist eine fehlerhafte Montageanleitung, nach der es dem Kunden beispielsweise nicht gelingt, ein Regal aufzubauen, ein Mangel.

Der Umgang mit dem Kunden im Falle einer Reklamation stellt eine hohe Anforderung. Der Verkäufer übernimmt bei Behandlung einer Reklamation die Rolle des Vermittlers zwischen dem Hersteller und dem Verbraucher.

Als Grundregeln für die Behandlung einer Reklamation sollte der Verkäufer folgendes beachten:

- gegenüber Kunden Verständnis für die Reklamation zeigen
- Grund der Reklamation erfassen und schriftlich festhalten

- Sich entschuldigen und bedanken, dass mit der Reklamation andere Kunden vor weiterem Schaden bewahrt werden
- Hilfe anbieten (gesetzliche Nachbesserung, d. h. Neulieferung / Umtausch oder Reparatur, Minderung / Preisnachlass, Rücktritt vom Vertrag wenn andere Möglichkeiten nicht greifen)

Neben der **gesetzlichen Sachmangelhaftung** besteht die Möglichkeit, auf (unberechtigte) Reklamationen des Kunden mit Kulanz zu reagieren, um diesen langfristig zu binden. Kulanz ist ein freiwilliges Entgegenkommen des Verkäufers. Unberechtigte Reklamationen können zum Beispiel durch einen falschen Umgang des Kunden mit der Ware entstehen. Hier könnte sich der Verkäufer bei Kleinigkeiten großzügig zeigen. Bei größerem Streitwert bestünde die Möglichkeit, einen unabhängigen Sachverständigen hinzuzuziehen.

5.1.2 Sachmangelhaftung, Garantie, Widerruf, Kulanz

Um zwischen gesetzlichen und freiwilligen Leistungen zu unterscheiden hilft die folgende Tabelle, die einen entsprechenden Überblick bietet.

	Sachmangel-haftung	Garantie	Widerruf	Kulanz
Regelung	gesetzlich	vertraglich	gesetzlich bei Käufen gem. Fernabsatz, gilt nur für Verbraucher	freiwillig
Zustande-kommen	mit Kaufver-trag § 434 BGB	vertraglich	mit Kaufver-trag	bei Bedarf
Dauer	2 Jahre ab Übergabe der Sache § 438 BGB	beliebig	innerhalb zwei Wochen (bei Belehrung)	einmalig
Besonder-heiten	Beweislastum-kehr* in den ersten sechs Monaten	Garantie ist vertraglich an Bedingungen geknüpft	Textform, Ver-käufer kann vertraglich festlegen, dass bis zu Waren-wert von 40,-€ Rücksendekos-ten vom Kun-den zu tragen sind	Gewährung ei-ner Kulanz liegt aus-schließlich im Ermessen des Händlers / Herstellers

...stumkehr: innerhalb der ersten sechs Monate muss der Verkäufer ... dass der Mangel der Ware nicht schon bei Übergabe vorgelegen ... den sechs Monaten trägt der Käufer die Beweislast.

a) Gewährleistung

In Fällen der Gewährleistung (Sachmangelhaftung) sieht der Gesetzgeber unterschiedliche Rechte vor, die der Kunde gegenüber dem Händler geltend machen kann. Hierbei unterscheidet das BGB zwischen vorrangigen und nachrangigen Rechten. Der Kunde hat bei einem Sachmangel zuerst das Recht auf zweimalige Nachbesserung. Dies kann eine Reparatur oder ein Austausch sein. Kann der Händler auch nach zweimaligem Versuch den Mangel nicht beseitigen, treten die nachrangigen Rechte in Kraft. Der Kunde hat dann das Recht auf Preisminderung, Rücktritt vom Kaufvertrag, Rücktritt vom Kaufvertrag und Schadensersatz, oder Schadensersatz statt der Leistung.

b) Garantie

Bei der Garantie ergeben sich die Rechte des Kunden aus einer vertraglichen Vereinbarung. Einen gesetzlichen Garantieanspruch gibt es nicht. Im Fall der Garantie hat der Kunde lediglich das vertraglich zugesicherte Recht auf Nachbesserung. Dieses kann jedoch bei Vertragsabschluss auf bestimmte Mangeltypen begrenzt werden (z. B. sind Verschleißteile aus solchen Vereinbarungen in der Regel ausgenommen).

c) **Widerruf**

Im Fernabsatz geschlossene Kaufverträge garantieren den Verbrauchern grundsätzlich ein gesetzliches Widerrufsrecht. Voraussetzungen und Rechtsfolgen sind für den Händler verpflichtend. Das Recht auf Widerruf bezieht sich nur auf Verbraucher als Kunden. Widerruft der Kunde muss der Verkäufer den gezahlten Kaufpreis und die bereits gezahlten Versandkosten an den Käufer zurückzahlen, sofern das Widerrufsrecht frist- und formgerecht ausgeübt wurde. Keine Anwendung findet das Widerrufsrecht bei schnell verderblichen Waren wie Lebensmitteln, Waren die extra für den Kunden angefertigt wurden (Einzelstücke), Waren die nicht zurückgegeben werden können (z. B. Downloads), entsiegelte Software / Audio- und Videodateien, Zeitungen und Zeitschriften sowie Waren aus Versteigerungen. Hat der Käufer seinen Kauf widerrufen muss er die Ware entweder zurücksenden oder zur Abholung bereitstellen (je nach Größe der Ware). Der Verkäufer kann vertraglich vereinbaren (z. B. in den AGB's), dass bis zu einem Bestellwert von 40,- Euro die Rücksendekosten vom Käufer getragen werden müssen. Fehlt eine solche Vereinbarung trägt der Verkäufer die Kosten.

d) **Kulanz**

Kulanz ist ein freiwilliges Entgegenkommen des Verkäufers, ohne dass der Kunde hierauf einen Anspruch besitzt.

6. Kennzahlen im E-Commerce

Den Erfolg der Onlineangebote können Unternehmen in erster Linie über Umsatzveränderungen messen. Daneben lässt sich aber auch das Nutzerverhalten mit unterschiedlichen Kennzahlen ermitteln.

Die Kennzahlen, anhand derer der Erfolg hinsichtlich einer Zielsetzung gemessen werden soll nennen sich Key Performance Indicator (KPI). Hier die wichtigsten KPIs:

Abmelderate

Anteil der Abmeldungen im Verhältnis der versendeten Emails, in der Praxis ist ein Wert bis 5 % üblich, liegt die Kennzahl darüber sind Maßnahmen notwendig

Berechnung:

$$\text{Abmelderate} = \frac{\text{Abmeldungen}}{\text{Anzahl versendete Mails}} * 100$$

Absprungrate (Bounce Rate)

Verhältnis von Besuchern, welche die Seite ohne Aktion sofort wieder verlassen. Die durchschnittliche Bounce Rate liegt bei ca. 60 %.

Berechnung:

$$\text{Bounce Rate} = \frac{\text{Besucher ohne Aktion}}{\text{Anzahl aller Besucher}} * 100$$

Antwortzeit & Antwortrate

Zeitspanne zwischen Posting und Antwort im Verhältnis zur Gesamtzahl der Postings; zeigt Verbraucherinteresse und Grad der Aktivität (Social Media)

Berechnung:

$$\text{Antwortrate} = \frac{\text{Anzahl Antworten}}{\text{Gesamtzahl Postings}} * 100$$

Anzahl der Abonnenten

Erreichte Verbraucher mit einer Emailaktion

Anzahl der Social Media Kontakte

Quantitative Messgröße, zeigt mögliche Verbreitung (z. B. Anzahl der Freunde bei Facebook, Follower bei Twitter usw.)

Beiträge

Anzahl der Beiträge der User innerhalb eines bestimmten Zeitraums, hieraus lässt sich die aktuelle Relevanz des Produktes oder Unternehmens ableiten

Click-Through-Rate

Klicks auf einen Link innerhalb einer Email / Newsletter, hieraus lässt sich die Attraktivität der Werbung ableiten. Die durchschnittliche Click-Through-Rate liegt bei etwa 10 %.

Berechnung:

$$\text{Click-Through-Rate} = \frac{\text{Anzahl Klicks}}{\text{Anzahl versendete Mails} - \text{Rückläufer}} * 100$$

Click-to-Open-Rate

Zeigt das prozentuale Verhältnis von öffnenden und klickenden Empfängern, der Durchschnitt liegt hier bei etwa 40 %.

Berechnung:

$$\text{Click-to-Open-Rate} = \frac{\text{Klickende Empfänger}}{\text{Öffnende Empfänger}} * 100$$

Community Wachstum

Social Media: Wachstum der Communitiy in % in einem bestimmten Zeitraum

Conversion-Rate

Verhältnis Gesamtzahl Websitebesucher zu Websitebesuchern, welche eine gewünschte Aktion durchgeführt haben.

Berechnung:

$$\text{Conversion Rate} = \frac{\text{Anzahl Conversions}}{\text{Klickende Empfänger}} * 100$$

Cost per Action – CPA

Verursachte Kosten zu einer konkreten Aktion.

Cost per Click – CPC

Kosten für einen erfolgten Klick auf den Link in der Email / Newsletter

Berechnung:

$$CPC = \frac{\text{Kosten}}{\text{Anzahl Klicks}}$$

Cost-per-Order

anfallenden Werbekosten für einen, im Zuge einer Werbemaßnahme getätigten Verkauf

Berechnung:

$$CPO = \frac{Kosten}{Conversion}$$

Cost per Thousand – CPT

Rechengröße, Kosten die anfallen um 1000 Verbraucher zu erreichen

Daily Cost

tägliche Kosten (umgerechnet)

Delivery rate

Gesamtmenge der versendeten Mails

Hard vs. Soft Bounces

Hard Bounces: unzustellbare Mails wg. ungültiger Mailadressen / Blockie-rungen usw.

Soft Bounces: unzustellbare Mails aufgrund von vollen Mailboxen oder über-schrittener Datenmengen

Mobile Leserate

Zeigt den Anteil der Newsletter, die auf mobilen Geräten geöffnet werden.

Berechnung:

$$\text{Mobile Leserate} = \frac{\text{Mobile Öffnungen}}{\text{Öffnende Empfänger}} * 100$$

Öffnungsrate

Anteil der geöffneten Emails im Verhältnis zu den versendeten Emails, wird durch Nachladen verlinkter Bilder ermittelt. Die durchschnittliche Öffnungsrate liegt bei 20 – 25 %.

Berechnung:

$$\text{Öffnungsrate} = \frac{\text{Öffnungen}}{\text{Anzahl versendete Mails - Bounces}} * 100$$

Orders pro Visitors

durchschnittliche Anzahl der Bestellungen pro Besucher

Berechnung:

$$\text{Orders / Visitor} = \frac{\text{Bestellungen}}{\text{Anzahl Besucher}} * 100$$

Retourenquote

Anteil der Retoursendungen im Verhältnis zur Gesamtsumme der bestellten Einheiten innerhalb eines Zeitraums

Berechnung:

$$\text{Retourenquote} = \frac{\text{Anzahl Retouren}}{\text{Anzahl Bestellungen}} * 100$$

ROAS (Return on Advertising Spending)

Verhältnis zwischen Werbekosten und dem daraus resultierendem Umsatz

Berechnung:

$$\text{ROAS} = \frac{\text{Umsatz}}{\text{Werbekosten}} * 100$$

Return on Investment ROI

Verhältnis von Gewinn und eingesetztem Kapital

Berechnung:

$$\text{ROI} = \frac{\text{Gewinn}}{\text{Kosten}} * 100$$

Seitenaufrufe pro Besucher (Page Impressions)

Aktivität pro Besucher, je höher Verweildauer und Seitenaufrufe, desto höher ist Nutzen für den Verbraucher

Social Sharing Rate

Verhältnis zwischen Empfängern und Usern, welche die Inhalte des Newsletters über spezielle „Share with your Network"-Links in sozialen Netzwerken teilen. Die durchschnittliche Social Sharing Rate liegt bei etwa 10 %.

Berechnung:

$$\text{Social Sharing Rate} = \frac{\text{Anzahl Sharings}}{\text{Öffnende Empfänger}} * 100$$

Stornoquote

Anteil der Stornierungen im Vergleich zur Gesamtsumme der Bestellungen innerhalb eines Zeitraums

Total Cost

Höhe der (totalen) Kosten

Umsatz

Gesamtwert der verkauften Waren

(Unique) Visits

Anzahl Besucher einer Website (sog. Nettomenge der Besucher)

Verweildauer / Aufenthaltszeit

Verweildauer eines Besuchers, Messgröße für inhaltliche Qualität

Visitors

Anzahl der Besucher (engl.: Visitors), meist in Relation zu einem bestimmten Zeitraum

Weiterempfehlungsrate (Retweet Rate)

qualitative Kennziffer, Anzahl von Weiterempfehlungen

Wiederkehrende Besucher vs. neue Besucher

Verhältnis bestehender zu neuer Zielgruppe

Berechnung:

$$\text{Wiederkehrer} = \frac{\text{Anzahl Wiederkehrer}}{\text{Anzahl alle Besucher}} * 100$$

Zustellrate

Anteil der E-Mails, die tatsächlich zugestellt werden konnten. Diese sollte bei 95 % liegen.

Berechnung:

$$\text{Zustellrate} = \frac{\text{Versandmenge - Bounces}}{\text{Versandmenge}} * 100$$

Das Marketingcontrolling erhebt nicht nur diese Kennzahlen, sondern vergleicht sie auch mit Werten aus der Vergangenheit. Hieraus lässt sich erkennen, welche Anpassungen in der Onlinemarketingstrategie vorgenommen werden sollten.

Neben den eigenen Vergleichswerten können Branchenkennzahlen herangezogen werden. Wichtig ist, dass nach der Analyse entsprechende Maßnahmen folgen.

7. Qualitätssicherung im E-Commerce

Eine Verschlechterung der Positionierung in Suchmaschinen macht sich direkt am Umsatz bemerkbar. Daher ist die Qualität des Onlineauftritts von besonderer Bedeutung.

Die zielgerichtete, planvolle und systematische Entwicklung und Anwendung eines Konzepts zur Sicherung und Weiterentwicklung der Qualität eines Unternehmens findet im sogenannten **Qualitätsmanagement** statt. Die Aufgaben des Qualitätsmanagements sind dabei die Planung, Lenkung, Prüfung und Verbesserung der Prozesse. Dazu werden in allen Unternehmensbereichen Maßnahmen identifiziert und umgesetzt, welche die Prozesse verbessern sollen. Im Mittelpunkt der Betrachtung steht nicht das Produkt, sondern der Prozess im Unternehmen.

Ein gutes Qualitätsmanagement kann zur Kundenzufriedenheit und damit zur Kundenbindung beitragen. Gerade im E-Commerce ist die Auswahl von passenden Strategien zur Bindung der Kunden wichtig.

Um das Onlineangebot zu verbessern müssen zuerst die aktuellen Prozesse erfasst und ausgewertet werden. Dies kann zum Beispiel in Form einer **externen Zertifizierung** oder durch **Kundenbewertungen** erfolgen. Dabei ist das Qualitätsmanagement nicht als einmalige Erhebung, sondern als fortlaufender Prozess zu verstehen. Die Auswertungen zeigen, bei welchen Prozessschritten Verbesserungen möglich sind oder Abläufe optimiert werden können. Die Erfassung der Prozesse nennt man **Audit**. Diese Struktur der Bewertung lässt sich auch auf den E-Commerce übertragen. Hier sind die Entwicklungen des Marktes allerdings wesentlich schneller.

Neben dem Audit können aber auch Selbstbewertungen, das sogenannte **Benchmarking**, Aufschluss über das Qualitätsmanagement eines Unternehmens geben. Hierbei werden die eigenen Stärken und Schwächen im Vergleich zum Wettbewerber eingeschätzt und bewertet.

Ziel des Qualitätsmanagements im E-Commerce ist die Anpassung der Unternehmensstrategien an die Anforderungen des Marktes und somit zur Kundenbindung.

Wichtiges Kriterium für den Erfolg im Onlinehandel ist die Anzeige in Suchmaschinen. Der Erfolg ist abhängig davon, ob die Internetseite leicht und schnell zu finden ist.

8. Preiskalkulationen im E-Commerce

Um den richtigen **Preis** für ein Produkt zu finden berechnet man diesen mit Hilfe der **Preiskalkulation**. Dabei muss der Preis, je nach Art des Unternehmens, bei der Berechnung unterschiedliche Kostenfaktoren berücksichtigen. Während ein Einzelhändler ohne Onlineangebot Kosten wir die Ladenmiete und die Preise der ihn umgebenden Konkurrenz berücksichtigen muss, ist der Onlinehändler regional nicht gebunden und hat andere Konkurrenz- und Kostensituationen, die eine Rolle spielen.

Bei der Berechnung des Preises müssen Bestandteile wie Einkaufspreis, Lieferkosten, Verpackungskosten und Skonto beim Einkauf berechnet werden. Dazu kommen eigene Kosten wie die im Onlinehandel nicht unwesentlichen Verpackungskosten sowie deren Kosten für die Lagerung. Dazu kommen laufende Kosten wie Mieten, Webserverkosen und Personalkosten. Die laufenden Kosten werden in Form einer pauschalisierten Größe als **Handlungskosten** in der Preiskalkulation berücksichtigt. Dazu werden Gewinne und eventuelle Rabatte, die dem Kunden gewährt werden könnten, hinzugerechnet.

Beispiel:

Ein Onlineshop vertreibt Notebooks. Es soll der Preis pro Stück kalkuliert werden. Das Notebook hat einen Listeneinkaufspreis von 500,- Euro. Der Lieferant gewährt aufgrund der bestellten Gesamtmenge einen Rabatt von 20 %, dazu gewährt er Skonto in Höhe von 2 %. Für die Bezugskosten berechnet er 9,- Euro / Stück. Die Handlungskosten werden mit 25 % beziffert, der Gewinn soll 25 % betragen. Den Kunden möchte das Unternehmen 3 % Skonto einräumen und einem möglichen Rabatt von 10 % berücksichtigen.

Die Berechnung des Preises erfolgt mit Hilfe des sogenannten Kalkulationsschemas:

	%	%	Euro
Listeneinkaufspreis	100		500,00
- Liefererrabatt	20		100,00
= **Zieleinkaufspreis**	80 ⇨	100	400,00
- Liefererskonto		2	8,00
= **Bareinkaufspreis**		98	392,00
+ Bezugskosten			9,00
= **Bezugspreis**	100		401,00
+ Handlungskosten	25		100,25
= **Selbstkostenpreis**	145 ⇨	100	501,25
+ Gewinn		25	125,31
= **Barverkaufspreis**	97 ⇦	125	626,56
+ Kundenskonto	3		19,38
= **Zielverkaufspreis**	100 ⇨	90	645,94
+ Kundenrabatt		10	71,77
= **Listenverkaufspreis**		100	717,71

Der kalkulierte Verkaufspreis (netto) beträgt somit 717,71 Euro pro Notebook. Bei der Kalkulation ist zu beachten, dass ausgehend vom Barverkaufspreis der Zielverkaufspreis **im Hundert** gerechnet werden muss. Beim Grundwert handelt es sich um den verminderten Grundwert, d. h. er ergibt sich aus dem Abzug von Skonto. Das gleiche gilt bei der Berechnung des Listenverkaufspreises ausgehend vom Zielverkaufspreis.

9. Kaufmännische Steuerung und Kontrolle im E-Commerce

9.1 Kosten- und Leistungsrechnung

9.1.1 Unterschied Fibu – KLR

In der Finanzbuchhaltung wird mit Hilfe der Gegenüberstellung von Aufwendungen und Erträgen der **Gewinn** oder **Verlust** des gesamten Unternehmens ermittelt. Allerdings lässt sich hieraus keine Aussage zur tatsächlichen Wirtschaftlichkeit des Gesamtbetriebes machen, da in den Aufwendungen und Erträge auch solche einfließen, die mit dem eigentlichen Sachziel des Unternehmens in keinem Zusammenhang stehen. So werden zum Beispiel bei einem Handelsunternehmen Mieterträge berücksichtigt, die nicht zum Kerngeschäft gehören. Auch können die Ergebnisse aus der Gewinn- und Verlustrechnung nicht auf Teilbereiche des Unternehmens oder einzelne Produkte heruntergebrochen werden.

Aus diesem Grund wird neben der Finanzbuchhaltung die Kosten- und Leistungsrechnung betrieben. Diese erfasst die Kosten und Leistungen des Unternehmens, die sich auf die eigentliche betriebliche Tätigkeit beziehen und macht so Bewertungen der eigentlichen Geschäftstätigkeit möglich. Sie ermittelt das sogenannte **Betriebsergebnis**.

Dazu werden die Daten aus der Finanzbuchhaltung dahingehend aufbereitet, dass sie in Zusammenhang mit der tatsächlichen Leistung des Unternehmens stehen. Es wird festgehalten, welche Kosten in der Leistungserstellung verursacht werden, wo diese Kosten verursacht werden und welche Leistungen den Kosten zugerechnet werden können.

Dies erfolgt mit Hilfe der sogenannten Abgrenzungsrechnung. Die Daten aus der Finanzbuchhaltung werden dabei nach Betriebszweck und betriebsfremden Aufwendungen und Erträge abgegrenzt.

9.1.2 Aufwendungen – Kosten

In der Gewinn- und Verlustrechnung werden auf der Soll-Seite die gesamten Aufwendungen des Unternehmens erfasst. Aufwendungen sind also alle getätigten oder noch zu tätigenden Geldausgaben. Man bezeichnet dies auch als **Werteverzehr**. Die Aufwendungen beziehen sich auf gekaufte Waren, in Anspruch genommenen Dienste, Abgaben oder sonstige Vorgänge. Aufwendungen vermindern das Eigenkapital. Es ist unwesentlich, ob die Aufwendungen durch betriebliche oder betriebsfremde Zwecke entstanden sind.

In der Kosten- und Leistungsrechnung sollen die Aufwendungen ermittelt werden, die in einem unmittelbaren Zusammenhang mit dem Betriebszweck stehen. Daher werden die Aufwendungen der Gewinn- und Verlustrechnung dahingehend geprüft, ob sie aus der betrieblichen Tätigkeit entstanden sind. Diese betrieblichen Aufwendungen bezeichnet man als **Kosten**.

Aufwendungen, die in keinem Zusammenhang mit der betrieblichen Tätigkeit stehen oder in ungewöhnlicher Höhe anfallen werden als **neutrale Aufwendungen** bezeichnet.

Somit sind betriebliche Aufwendungen Kosten, neutrale Aufwendungen sogenannte Nichtkosten.

9.1.3 Erträge – Leistungen

In der Gewinn- und Verlustrechnung werden auf der Haben-Seite die gesamten Erträge des Unternehmens erfasst. Erträge sind alle dem Unternehmen zugeflossenen Werte. Man bezeichnet diese daher auch als **Wertzuflüsse**. Erträge erhöhen das Eigenkapital. Es ist auch hier unwesentlich, ob die Erträge durch betriebliche oder betriebsfremde Zwecke entstanden sind.

In der Kosten- und Leistungsrechnung sollen die Erträge ermittelt werden, die in einem unmittelbaren Zusammenhang mit dem Betriebszweck stehen. Die betrieblichen Erträge werden als **Leistungen** bezeichnet. Erträge, die in keinem Zusammenhang mit dem Betriebszweck stehen oder in ungewöhnlicher Höhe anfallen bezeichnet man als **neutrale Erträge**.

9.1.4 Abgrenzungsrechnung

Die Abgrenzungsrechnung erfolgt mit Hilfe der Ergebnistabelle. Hier werden die Salden der Erfolgskonten aus der Gewinn- und Verlustrechnung in die Abgrenzungs- und Betriebsergebnisrechnung übertragen.

Beispiel:

Ergebnistabelle						
Fibu			KLR			
Gesamtergebnis			Abgrenzung		Betriebsergebnis-rechnung	
Konto	Aufwen-dungen	Erträge	neutrale Auf-wendungen	neutrale Erträge	Kosten	Leistungen
Zinsaufwand	20.000,00				20.000,00	
außerord. Aufw.	10.000,00		10.000,00			
Wareneingang	100.000,00				100.000,00	
Bezugskosten	10.000,00				10.000,00	
Gehälter	15.000,00				15.000,00	
Mieten	5.000,00				5.000,00	
Mieterträge		3.000,00		3.000,00		
Warenverkauf		200.000,00				200.000,00
(...)						
	160.000,00	203.000,00	10.000,00	3.000,00	150.000,00	200.000,00
	43.000,00			7.000,00	50.000,00	
	203.000,00	203.000,00	10.000,00	10.000,00	200.000,00	200.000,00

Abstimmung Ergebnis

Gesamtergebnis FiBu		(+) 43.000,00
Neutraler Gewinn	(-) 7.000,00	
Betriebsgewinn		(+) 50.000,00
Gesamtergebnis KLR		(+) 43.000,00

9.1.5 Kostenarten

Um die anfallenden Kosten im Unternehmen auswerten zu können müssen diese in der Kostenartenrechnung, der Kostenstellenrechnung und der Kostenträgerrechnung analysiert werden.

Alle im Unternehmen anfallenden Kosten werden nach Kostenarten sortiert. Die Festlegung der Kostenarten bestimmt jedes Unternehmen dabei selber. Üblich ist eine Gliederung z. B. nach Funktionsbereich wie Einkaufskosten, Lagerkosten, Vertriebskosten usw. Andere Gliederungen sind aber auch denkbar, gesetzliche Vorschriften bestehen diesbezüglich nicht.

Mögliche Kostenarten sind:

- Anschaffungskosten
- variablen Stückkosten
- Fixe Kosten
- Stückkosten
- Einzelkosten
- Gemeinkosten
- Kalkulatorische Kosten

9.1.6 Kostenträger

Kostenträger sind die Objekte, denen Kosten direkt zugerechnet werden können. Im Handel sind dies vor allem die Produkte, welche die Kosten erwirtschaften sollen.

9.1.7 Kostenstellen

Kostenstellen sind die Stellen im Unternehmen, an denen die Kosten entstehen. In der Regel werden die Kostenstellen nach dem Organisationsplan des Unternehmens eingerichtet. Üblicherweise benennt man allgemeine Kostenstellen, Hilfskostenstellen und Hauptkostenstellen. Unter allgemeinen Kostenstellen versteht man die Betriebsteile, die für alle anderen Kostenstellen Leistungen erbringen, wie z. B. der Fuhrpark. Hilfskostenstellen unterstützen die Hauptkostenstellen wie z. B. das Lager. Hauptkostenstellen sind z. B. die Verkaufsabteilungen in einem Handelsunternehmen, denen sich Einzelkosten direkt zuordnen lassen.

Einzelkosten sind Kosten, die unmittelbar einer bestimmten Ware oder Warengruppe zugeordnet werden können. Das sind zum Beispiel Aufwendungen für Waren oder Bezugskosten. Gemeinkosten hingegen sind nicht unmittelbar einer einzelnen Ware zuzurechnen, da sie für das gesamte Unternehmen anfallen. Das sind zum Beispiel Mieten, Gehälter, Steuern usw. Diese Gemeinkosten müssen mit Hilfe eines geeigneten Verteilungsschlüssels auf die Kostenstellen verteilt werden.

9.1.8 Betriebsabrechnungsbogen

In der Kostenrechnung sollen die Kosten verursachungsgerecht verteilt werden. Dies ist wichtig, damit für die Preiskalkulation die notwendigen Handlungskostenzuschläge festgelegt werden können.

Um die Kosten zuordnen zu können wird die Kostenstellenrechnung, der sogenannte Betriebsabrechnungsbogen, erstellt. Mit Hilfe dieses Instrumentes lassen sich für die Waren die unterschiedlichen Handlungskostenzuschlagssätze berechnen. Im Folgenden wird dies an einem stark verkürzten Beispiel erläutert:

Der Betriebsabrechnungsbogen ist in den Spalten nach Kostenstelle und in den Zeilen nach den Kostenarten unterteilt.

Folgende Vorgehensweise:

- Übernahme der Einzelkosten je Warengruppe aus der GuV
- Verteilung der Gemeinkosten auf die Kostenstellen
- Ermittlung der Handlungskostensätze je Hauptkostenstelle
- Berechnung des Betriebsergebnisses für die einzelnen Warengruppen

Um das Vorgehen zu verdeutlichen nun ein stark vereinfachtes und verkürztes Beispiel für ein Unternehmen im Onlinehandel:

Betriebsabrechnungsbogen							
Kostenarten	Ergebnis Betriebser-gebnis-rechnung	Verteilungs-schlüssel	allg. Kostenstelle Personalabt.	Hilfskosten-stelle Lager	Hauptkostenstellen		Summe
					Smartphones	Tablets	
Einzelkosten							
Waren A	80.000,00				80.000,00		
Waren B	20.000,00					20.000,00	
Bezugskosten A	8.000,00				8.000,00		
Bezugskosten B	2.000,00					2.000,00	
Summe	110.000,00				88.000,00	22.000,00	110.000,00
Gemeinkosten							
Gehälter	15.000,00	Gehaltsliste	3.000,00	2.000,00	7.000,00	3.000,00	
Mietaufwand	5.000,00	m²	500,00	3.500,00	500,00	500,00	
Summe	20.000,00		3.500,00	5.500,00	7.500,00	3.500,00	20.000,00
Verteilung Personal		1:1			1.750,00	1.750,00	3.500,00
Verteilung Lager		2:3			2.200,00	3.300,00	5.500,00
Summe Handlungskosten					11.450,00	8.550,00	20.000,00
Aufwand plus Handlungskosten					99.450,00	30.550,00	130.000,00
Nettoverkaufserlöse					160.000,00	40.000,00	200.000,00
Handlungskostenzuschlagssatz					13,01	38,86	
Betriebsgewinn / Verlust je Kostenträger					60.550,00	9.450,00	70.000,00
Gewinnzuschlagssatz					60,88	30,93	

Der Handlungskostenzuschlagssatz berechnet sich dabei mit folgender Formel:

$$\text{Handlungskostenzuschlagssatz} \quad = \quad \frac{\text{Handlungskosten}}{\text{Bezugspreis}} * 100$$

9.2 Deckungsbeitragsrechnung

Unternehmen bekommen finanzielle Schwierigkeiten, wenn die Einnahmen für die Zahlung der Kosten nicht mehr ausreichen.

Langfristig müssen die Verkaufserlöse alle Kosten ersetzen können. In der Kostenstruktur werden Kosten unterschieden, die unabhängig vom Umsatz bestehen und Kosten, die im Zusammenhang mit dem Umsatz stehen.

Kosten, die unabhängig vom Umsatz entstehen, d. h. immer anfallen, nennt man **fixe Kosten**. Zu den fixen Kosten gehören z. B. Gehälter. Fixe Kosten sind überwiegend Gemeinkosten.

Kosten, die erst mit Umsatz entstehen bezeichnet man als **variable Kosten**. Beispiel hierfür sind die Warenaufwendungen. Variable Kosten sind Einzelkosten, da sie konkreten Kostenstellen zugeordnet werden können.

Der Verkaufspreis muss mindestens die variablen Kosten eines Produktes decken. Bleibt dann etwas übrig trägt dieser Betrag zur Abdeckung der fixen Kosten bei. Übersteigt der Deckungsbeitrag die Fixkosten erzielt das Unternehmen einen Betriebsgewinn. Dies ist der Grundsatz der **Deckungsbeitragsrechnung**.

Der Deckungsbeitrag ist also die Differenz zwischen Verkaufserlös und variablen Kosten. Das Ergebnis drückt aus, mit wie viel der Artikel zur Deckung der Fixkosten beiträgt.

In der Berechnung kann sowohl der Deckungsbeitrag pro Artikel, der sogenannte **Stückdeckungsbeitrag** oder der Deckungsbeitrag für die gesamte Absatzmenge, der sogenannte **Gesamtdeckungsbeitrag**, berechnet werden.

Für die Berechnung gilt:

> **Erlöse**
>
> **-Variable Kosten**
>
> **=Deckungsbeitrag**

Beispiel: mit dem Verkauf von Tablets erzielte der Onlinehändler einen Verkaufserlös in Höhe von 124.000,- Euro. Für Warenaufwendungen musste er 75.000,- Euro aufbringen, 15.000,- Euro an variablen Handlungskosten sind angefallen.

Hinweis: die Warenaufwendungen gehören zu den variablen Kosten

Verkaufserlöse	124.000,00
- Warenaufwendungen	75.000,00
- variable Handlungskosten	15.000,00
= Deckungsbeitrag	34.000,00

Der Artikel trägt also mit 34.000,- Euro zur Deckung der Fixkosten bei.

Als Faustformel gilt, das positive Deckungsbeiträge immer im Sortiment verbleiben sollten, negative Deckungsbeiträge zu prüfen sind, ob sie aus dem Sortiment genommen werden könnten oder ob sie aufgrund anderer Parameter (z. B. Kundenerwartungen) weiter angeboten werden müssen.

Mit Hilfe der Deckungsbeitragsrechnung kann zudem berechnet werden, ab welcher Absatzmenge die Deckungsbeiträge insgesamt die Höhe der Fixkosten erreichen, d. h. ab wann das Unternehmen einen Gewinn erzielt. Diesen Punkt bezeichnet man als **Gewinnschwelle**, bzw. **Break-Even-Point**.

Berechnet wird der Break-Even-Point mit der folgenden Formel:

$$\text{Break-Even-Point} = \frac{\text{Fixkosten}}{\text{Stückdeckungsbeitrag}}$$

Beispiel:

Ein Onlinehändler hat insgesamt Smartphonetaschen zu einem Verkaufspreis von je 30,- Euro verkauft. Die variablen Handlungskosten betrugen 20,- Euro / Stück. Die Fixkosten liegen bei 24.000,- Euro.

1. Ermittlung Stückdeckungsbeitrag

Verkaufserlöse	30,00
- variable Handlungskosten	20,00
= Deckungsbeitrag	10,00

2. Ermittlung der Gewinnschwelle / Break-Even-Point:

$$\text{Break-Even-Point} = \frac{\text{Fixkosten}}{\text{Stückdeckungsbeitrag}}$$

$$\text{Break-Even-Point} = \frac{24.000,-}{10,-}$$

Break-Even-Point = 2.400 Stück

Ab einem Absatz von 2.400 Stück wird ein Gewinn erwirtschaftet.

9.3 Statistiken

Statistiken dienen der **Zusammenfassung** und **Aufbereitung** von unterschiedlichsten Daten und sollen die **Grundlage** für betriebliche Entscheidungen schaffen. Neben der Auswertung von Unternehmensergebnissen können dies weitere betriebswirtschaftliche Statistiken wie Personalstatistiken, Lagerstatistiken, Absatzstatistiken oder Kostenstatistiken sein.

Die **Auswertung des Jahresergebnisses** umfasst die Aufbereitung und Beurteilung der dort benannten Zahlen.

Die **Bilanzanalyse** soll die gegenwärtige wirtschaftliche Lage des Unternehmens beurteilen und eine Prognose für zukünftige Entwicklungen ermöglichen.

Dazu muss die Bilanz zunächst entsprechend aufbereitet werden:

Vermögen	Bilanzstruktur	Kapital
I Anlagevermögen	I Eigenkapital	
II Umlaufvermögen	II Fremdkapital	
Vorräte		langfristig
Forderungen		kurzfristig
flüssige Mittel		

Die Bilanzstruktur wird dabei auch in Prozentzahlen dargestellt, wobei die Bilanzsumme 100 % entspricht.

Die Beurteilung der Bilanz erfolgt mit Hilfe der sogenannten **Bilanzkritik**. Dabei gibt es unterschiedliche Kennzahlen und Formeln.

Zur Beurteilung der Vermögensstruktur

$$\text{Anteil Anlagevermögen} = \frac{AV * 100}{\text{Gesamtvermögen}}$$

$$\text{Anteil Umlaufvermögen} = \frac{UV * 100}{\text{Gesamtvermögen}}$$

$$\text{Anteil Vorräte} = \frac{\text{Warenbestand} * 100}{\text{Gesamtvermögen}}$$

$$\text{Anteil Forderungen} = \frac{\text{Ford.} * 100}{\text{Gesamtvermögen}}$$

$$\text{Anteil flüssige Mittel} = \frac{\text{flüssige Mittel} * 100}{\text{Gesamtvermögen}}$$

Das Verhältnis von Anlage- und Umlaufvermögen ist je nach Branche unterschiedlich.

Zur Beurteilung der Anlagendeckung (Investitionen):

$$\text{Deckungsrad I} = \frac{\text{Eigenkapital} * 100}{\text{Anlagevermögen}}$$

$$\text{Deckungsgrad II} = \frac{\text{langfristiges Kapital} * 100}{\text{Anlagevermögen}}$$

Ein Maßstab zur Beurteilung der Finanzierung eines Unternehmens ist die Anlagendeckung. Das Anlagevermögen sollte stets durch langfristiges Kapital finanziert sein.

Zur Beurteilung der Zahlungsfähigkeit (Liquidität)

$$\text{Liquidität I} = \frac{\text{flüssige Mittel} * 100}{\text{kurzfristiges Fremdkapital}}$$

$$\text{Liquidität II} = \frac{(\text{flüssige Mittel} + \text{Ford}) * 100}{\text{kurzfristiges Fremdkapital}}$$

$$\text{Liquidität III} = \frac{\text{Umlaufvermögen} * 100}{\text{kurzfristiges Fremdkapital}}$$

Je mehr flüssige Mittel vorliegen, um kurzfristige Verbindlichkeiten zu decken, umso besser, d. h. umso liquider ist das Unternehmen. Ist das Umlaufvermögen doppelt so groß wie das kurzfristige Fremdkapital gilt die Zahlungsfähigkeit üblicherweise als gesichert.

<u>Zur Beurteilung der Finanzierung (Kapitalausstattung):</u>

$$\text{Grad finanzielle Unabhängigkeit} = \frac{\text{Eigenkapital} * 100}{\text{Gesamtkapital}}$$

$$\text{Grad Verschuldung} = \frac{\text{Fremdkapital} * 100}{\text{Gesamtkapital}}$$

$$\text{Anteil langfristiges FK} = \frac{\text{langfristiges FK} * 100}{\text{Gesamtkapital}}$$

$$\text{Anteil kurzfristiges FK} \quad = \frac{\text{Kurzfristiges FK} * 100}{\text{Gesamtkapital}}$$

Je größer das Verhältnis von Eigenkapital zum Fremdkapital ist, desto strapazierfähiger ist die Finanzierung und desto geringer ist die Zinsbelastung.

Die Kennzahlen werden immer im Vergleich zum Vorjahr betrachtet und lassen so eine abschließende Bewertung zu.

Neben der Bilanz können durch die **Auswertung der Gewinn- und Verlustrechnung** weitere Kennzahlen ermittelt werden.

Die **Rentabilität** dient der Feststellung, welches Verhältnis der Gewinn zum Eigenkapital oder Umsatz aufweist.

Die **Eigenkapitalrentabilität** ermittelt die Verzinsung des eingesetzten Eigenkapitals. Die Formel hierfür lautet:

$$\text{Eigenkapitalrentabilität} \quad = \frac{\text{Unternehmergewinn} * 100}{\text{Eigenkapital}}$$

Die **Gesamtkapitalrentabilität** ermittelt die Verzinsung des gesamten Kapitals:

$$\text{Gesamtkapitalrentabilität} = \frac{(\text{Gewinn} + \text{FK-Zinsen}) * 100}{\text{Gesamtkapital}}$$

Die **Umsatzrentabilität** setzt den Gewinn ins Verhältnis zum Umsatz. Berechnet wird diese mit folgender Formel:

$$\text{Umsatzrentabilität} = \frac{\text{Gewinn} * 100}{\text{Warenverkaufserlöse}}$$

Daneben gibt es noch weitere **betriebswirtschaftliche Statistiken** wie Lagerstatistiken, Absatzstatistiken oder Kostenstatistiken, die bei betriebswirtschaftlichen Entscheidungen unterstützen. Ein weiteres Instrument ist z. B. die Personalstatistik. Diese dient der **Bewertung und Planung** im Personalbereich. So werden aktuelle Personalbestände ermittelt um eine Grundlage für die **Personalplanung** zu haben. Die Erhebung kann nach unterschiedlichen Kriterien erfolgen, z. B. die Auswertung des Verhältnisses von Mitarbeitern mit befristeten und unbefristeten Verträgen, Mitarbeiter in Voll- und Teilzeit, Mitarbeiter nach Alter, Betriebszugehörigkeit usw. Die Erhebung erfolgt meist im Vergleich zu Bezugswerten, wie z. B. dem Vorjahr, um die jeweiligen Veränderungen zu ermitteln.

Beispiel:

Personalstatistik XY-GmbH

Abteilung	MA Gesamt		MA Vollzeit		MA Teilzeit		MA befristet		MA unbefristet	
	2016	2017	2016	2017	2016	2017	2016	2017	2016	2017
Einkauf	5	6	5	5	0	1	0	1	5	5
Lager	11	10	11	10	0	0	5	4	6	6
Verkauf	12	12	8	8	4	4	2	2	10	10
Personal	6	8	3	4	3	4	2	2	4	6
Produktion	7	7	7	7	0	0	7	7	0	0
Marketing	3	2	3	2	0	0	0	0	3	2
Logistik	4	4	4	4	0	0	0	0	4	4
Summe	48	49	41	40	7	9	16	16	32	33

Beispiel Personalstatistik

Personalstatistiken ermitteln also alle Zu- und Abgänge, die bei einer Personalplanung berücksichtigt werden müssen, um einen möglichen Personalbedarf rechtzeitig zu identifizieren und die Personalbeschaffung einleiten zu können. Daneben gehören der Stellenplan und der Stellenbesetzungsplan zu weiteren grundlegenden Auswertungen im Personalbereich.

Statistiken sind also Auswertungen und Analysen unterschiedlichster Datensätze, um eine Grundlage für strategische betriebswirtschaftliche Entscheidungen zu finden.

9.4 Kundenwertanalyse

9.4.1 ABC-Analyse

Bei der ABC-Analyse werden Kunden (aber auch Produkte, o. a.) nach ihrer Bedeutung für den Onlinehändler klassifiziert. Ziel ist es, die für den Händler wichtigsten Kunden herauszufiltern. Im Ergebnis erhält man drei Klassen:

- A-Kunden

  wichtigste Kunden mit den höchsten Umsätzen

- B-Kunden

  wichtige Kunden

- C-Kunden

  weniger wichtige Kunden

Sind die Kunden den einzelnen Klassen zugeordnet lassen sich hieraus unterschiedliche Strategien ableiten. Beispielsweise bedürfen A-Kunden einer intensiveren Betreuung als C-Kunden, da sie für den Onlinehändler wesentlich wichtiger sind. Der Umsatz, der mit diesen Kunden erzielt wird ist höher als bei B- oder C-Kunden.

Die Grenzen für die Bestimmung der Klassen sind nicht eindeutig festgelegt. Hier ist die Zielsetzung der Untersuchung ausschlaggebend. Üblich sind folgende Zuordnungen:

A-Kunden   Wertanteil vom Umsatz 60 – 80 %

Mengenanteil am Umsatz 5 – 15 %

B-Kunden   Wertanteil vom Umsatz 10 – 25 %

Mengenanteil am Umsatz 20 – 40 %

C-Kunden   Wertanteil vom Umsatz 5 – 15 %

Mengenanteil am Umsatz 50 – 75 %

Beispiel für eine ABC-Analyse

Der Onlinehändler möchte ermitteln, welchen seiner Kunden ein zusätzlicher Service in Form von zielgerichteten Werbebriefen angeboten werden sollen. Dazu wird im ersten Schritt der Umsatz aller Kunden des letzten Jahres festgestellt.

Die Berechnung erfolgt anhand der folgenden Schritte:

1. Daten zusammenstellen, im vorliegenden Beispiel Auflistung der Umsätze aller Kunden

2. %-Anteil der Kundenumsätze am Gesamtumsatz ermitteln

3. Anhand der %-Anteile den Rang festlegen

5. Gruppen (ABC) klassifizieren

Das Ergebnis im vorliegenden Beispiel sieht demnach wie folgt aus:

Kunde	Anzahl Bestellungen	Umsatz Gesamt	%-Verhältnis
1010	15	12.000,00	5,94
1011	50	43.500,00	21,53
1012	12	2.760,00	1,37
1013	20	3.000,00	1,48
1014	3	1.200,00	0,59
1015	54	70.200,00	34,74
1016	70	15.000,00	7,42
1017	23	5.800,00	2,87
1018	29	30.400,00	15,05
1019	40	4.200,00	2,08
1020	38	14.000,00	6,93
Summe		**202.060,00**	100,00

Sortiert man die Daten nach Rang ergibt sich folgendes:

Kunde	Anzahl Bestellungen	Umsatz Gesamt	%-Verhältnis	Rang
1015	54	70.200,00	34,74	1
1011	50	43.500,00	21,53	2
1018	29	30.400,00	15,05	3
1016	70	15.000,00	7,42	4
1020	38	14.000,00	6,93	5
1010	15	12.000,00	5,94	6
1017	23	5.800,00	2,87	7
1019	40	4.200,00	2,08	8
1013	20	3.000,00	1,48	9
1012	12	2.760,00	1,37	10
1014	3	1.200,00	0,59	11

Die Klassifizierung soll nach folgenden Anteilen erfolgen:

A-Kunden	70%
B-Kunden	20%
C-Kunden	10%

Hieraus ergibt sich folgende Zuordnung:

Kunde	Anzahl Bestellungen	Umsatz Gesamt	%-Verhältnis	Rang	Klasse
1015	54	70.200,00	34,74	1	A
1011	50	43.500,00	21,53	2	A
1018	29	30.400,00	15,05	3	A
1016	70	15.000,00	7,42	4	B
1020	38	14.000,00	6,93	5	B
1010	15	12.000,00	5,94	6	B
1017	23	5.800,00	2,87	7	C
1019	40	4.200,00	2,08	8	C
1013	20	3.000,00	1,48	9	C
1012	12	2.760,00	1,37	10	C
1014	3	1.200,00	0,59	11	C
Summe		**202.060,00**	100,00		

Im Ergebnis lässt sich also feststellen, dass mit drei A-Kunden 71,32 % des Gesamtumsatzes generiert werden. Dem folgen drei B-Kunden, die 20,29 % des Gesamtumsatzes erbringen, die restlichen fünf Kunden sind C-Kunden, deren Umsatz sich auf gerade mal 8,39 % des Gesamtumsatzes beläuft.

Die Anteile am Gesamtumsatz verteilen sich demnach wie folgt:

Kundenanalyse

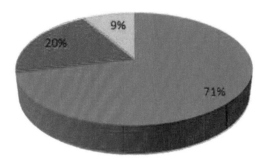

Für den Onlinehändler bedeutet das Ergebnis, dass sich das zusätzliche Serviceangebot besonders bei den A-Kunden 1015, 1011 und 1018 lohnt. Diese Kunden bezeichnet man auch als Schlüsselkunden. Hingegen können die C-Kunden für eine besondere zusätzliche Betreuung vernachlässigt werden. Hier ist eine möglichst kostengünstige und wenig aufwendige Betreuung wirtschaftlich sinnvoll.

Die ABC-Analyse ist ein einfaches Instrument, um einen Überblick über den IST-Stand zu erhalten. Aus dem Ergebnis lassen sich zielgerichtete, strategische Entscheidungen ableiten. Dabei besteht ein geringer Aufwand in der Durchführung der Analyse, das Ergebnis liefert einen schnellen Überblick. Hierin besteht allerdings auch die Schwäche dieses Instrumentes. Zusätzliche Aspekte finden in der Analyse keine Berücksichtigung.

9.4.2 Customer Lifetime Value

Der Customer Lifetime Value berechnet den Wert, den ein Kunde über die Dauer der Geschäftsbeziehung für ein Unternehmen hat. Die Kennzahl ist relevant um zu beurteilen, ob sich die Transaktionskosten für die Gewinnung und Bindung des Kunden letztendlich rentieren.

In die Berechnung der Customer Lifetime Value fließen alle Zahlungen ein, die der Kunde an das Unternehmen leistet. Das können neben dem Kaufpreis weitere Zahlungen sein. Beispiel: Beim Kunden eines Autohauses gehören hierzu neben dem Kaufpreis für ein Fahrzeug die Zahlungen für Inspektionen u. ä.

Von den Einnahmen werden die Kosten für den Kunden abgezogen. Das sind z. B. Marketing- und Werbungskosten, Kosten für Newsletter u. ä. Die Ausgaben werden von den Einnahmen abgezogen. Das Ergebnis ist der Betrag, den das Unternehmen am einzelnen Kunden verdient.

Der Customer Lifetime Value bezieht sich allerdings nicht nur auf die Vergangenheit, sondern berücksichtig auch Einnahmen und Ausgaben in der Zukunft. Es wird die gesamte Dauer der Geschäftsbeziehung berücksichtigt.

Relevant ist die Berechnung dieser Größe, um den Umfang der Marketing-

aktivitäten, die notwendig und sinnvoll sind, besser einschätzen zu können.

Der Wert der Kundenbindung kann so rechnerisch bestimmt werden. In Ad-

dition aller Kundenwerte kann schließlich der Unternehmenswert berechnet

werden. Eine Steigerung des Kundenwertes wirkt sich unmittelbar auf den

Wert des Unternehmens aus.

Bei der Berechnung dieser Kennzahl werden zuerst die Kennwerte erfasst

und dann mit Hilfe der Formel berechnet. Die Formel zur Berechnung der

Customer Lifetime Value lautet:

$$\text{Customer Lifetime Value} = C_0 = \sum_{t=1}^{n} (e_t - a_t) \times \frac{1}{(1+i)^t}$$

Im Folgenden ein einfaches und auf wesentliche Parameter reduziertes

Beispiel:

Es soll der Kundenwert eines Kunden in einem Autohaus errechnet werden.

Der Kunde erwirbt etwa alle fünf Jahre ein neues Fahrzeug für 35.000- Euro.

Die Dauer der Geschäftsbeziehung wird auf 25 Jahre geschätzt. Für Wartung

und Inspektionen zahlt der Kunde im Schnitt 1.200,- Euro / Jahr. Kosten für die Kundenpflege entstehen keine. Somit ergibt sich auf die 25 Jahre umgerechnet ein Kundewert in Höhe von 205.000,- Euro für das Autohaus.

Rechenweg:

Innerhalb der 25 Jahre erwirbt der Kunde insgesamt 5 Autos zu je 35.000,- Euro. Das ergibt einen Warenwert in Höhe von 175.000,- Euro. Zusätzlich nimmt das Autohaus 25 x 1.200,- Euro für Inspektionen und Wartung ein, das entspricht auf die Gesamtdauer 30.000,- Euro. Insgesamt „bringt" der Kunde dem Autohaus in der 25jährigen Geschäftsbeziehung 205.000,- Euro

9.4.3 Scoring Analyse

Die Scoring-Analyse ist ein Verfahren, mit dem die verschiedenen Kundenmerkmale bewertet werden. Andere Verfahren zur Kundenbewertung betreffen oft nur den Ertragswert eines Kunden, während hier der Kunde ganzheitlich betrachtet wird.

Der Wert eines Kunden wird mit Hilfe unterschiedlicher Kriterien bewertet, die gemäß ihrer Bedeutung für den Onlinehändler unterschiedlich gewichtet werden. Die Gewichtungsfaktoren müssen in ihrer Summe dabei immer 100 % ergeben.

Im ersten Schritt werden die Kunden mit Punkten bewertet. Diese liegen zwischen null und zehn Punkten. Diese Punkte multipliziert man anschließend mit dem Gewichtungsfaktor. Die Summe stellt den geschätzten Gesamtwert des Kunden dar. Insgesamt können also maximal 100 Punkte vergeben werden. Für die Entscheidung der Wichtigkeit eines Kunden muss vom Onlinehändler ein Mindest-Gesamtwert festgelegt werden. So könnte als Richtgröße das Erreichen von 30 Punkten festgelegt werden. Das würde im Ergebnis bedeuten, dass Kunden mit einem Ergebnis unter diesen 30 Punkten zu vernachlässigen wären. Kunden über 30 Punkte sollte je nach Gesamtwert unterschiedlich intensiv betreut werden.

Die Auswahl der Kriterien und deren Gewichtung sind abhängig von der Entscheidung des einzelnen Onlinehändlers. Je nachdem, welche Kriterien ausgewählt werden führt dies zu einem hohen Aufwand in der Beschaffung der notwendigen Informationen. Zudem ist die Bewertung nicht objektiv.

Beispiel:
Ein Onlinehändler möchte die Adressliste der Kunden für den Versand von Newslettern bereinigen. Dazu sollen alle Kunden, die unter 30 Punkten in der Bewertung erreichen, aus der Liste herausgenommen werden. Die Kriterien hierfür legt der Händler mit der Häufigkeit der Besuche im Onlineshop, der Umsatzhöhe und der Anzahl der Bestellungen fest. Dabei stellt die Umsatzhöhe für ihn die höchste Gewichtung dar. In der Auswertung ergibt sich hieraus die folgende Tabelle:

Kriterien	Gewich-tung in %	Kunde A		Kunde B		Kunde C	
		Punkte	Gesamt	Punkte	Gesamt	Punkte	Gesamt
Häufigkeit Besuche Onlineshop	20	8	16	2	4	12	24
Umsatzhöhe	45	5	22,5	3	13,5	7	31,5
Anzahl Bestellun-gen	35	12	42	3	10,5	3	10,5
Summe	100		**80,5**		**28**		**66**

Punkteskala:

10 Punkte sehr ausgeprägt

0 Punkte gar nicht ausgeprägt

Der Onlinehändler wird im Ergebnis also den Kunden B aus der Adressliste streichen.

9.4.4 Kundenportfolio

In der strategischen Geschäftsfeldplanung bedient man sich mit der Erstellung von Portfolios. Die bekannteste Matrix ist die der Boston-Consulting-Group, auch **4-Felder-Matrix** genannt.

Diese Matrix bezieht sich auf die angebotenen Produkte und ist wie folgt aufgebaut:

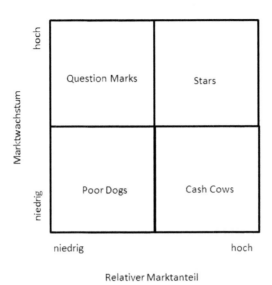

• Stars: hoher Marktanteil, hohes Wachstum, durch Investitionen sollte die Marktposition ausgebaut und gesichert werden

• Cash Cows: geringes Wachstum, hoher Marktanteil, keine Investitionen mehr notwendig, daher erheblicher Überschuss

• Poor Dogs: geringer Marktanteil, schwache Wettbewerbsstellung, keine Gewinne mehr möglich, Produkte sollten aus dem Markt herausgenommen werden

• Question Marks: niedriger Marktanteil, hohes Wachstum, meist Produkte in der Einführungsphase, Weiterentwicklung des Produktes ist noch unklar

Auch für die Kundenanalyse lässt sich die Matrix nutzen. Dabei werden die Felder wie folgt benannt:

Hier wird die Veränderung des Umsatzes bewertet, den der Kunde im Einkauf über alle Lieferanten erwarten lässt. Beurteilt wird also das Kundenwachstum. Der relative Lieferanteil berechnet den Lieferanteil des eigenen Onlinehandels bezogen auf den Anteil des umsatzstärksten Wettbewerbers. Je höher der Lieferanteil beim Kunden ist, umso wichtiger ist der Kunde.

Die einzelnen Klassifizierungen bedeuten:

- Fragezeichen-Kunden

  Die Entwicklung der Kunden ist unklar, sie haben ein hohes Wachstum aber nur einen geringen Lieferantenteil. Der Händler muss hier entscheiden, ob er in diese Kunden investiert oder nicht.

- Star-Kunden

  Dies sind die attraktivsten Kunden, sie haben ein hohes Wachstum und einen hohen Lieferantenanteil. Hier sollten die Kundenbindungsmaßnahmen ausgebaut werden, diese Kunden besitzen die höchste Aufmerksamkeit des Onlinehändlers.

- Melk-Kunden

  Diese haben ein niedriges Wachstum, der Onlinehändler ist hier der Hauptlieferant. Bei diesen Kunden ist es ausreichend, nur das notwendigste an Maßnahmen einzusetzen.

- Abbau-Kunden

  Für diese Kunden sollten die Maßnahmen auf ein Minimum reduziert werden.

10. Grundlagen Volkswirtschaftslehre

Betriebswirtschaftslehre und Volkswirtschaftslehre unterscheiden sich grundlegend. Während die Betriebswirtschaftslehre unternehmensinterne Prozesse untersucht, beschäftigt sich die Volkswirtschaftslehre mit den gesamtwirtschaftlichen Zusammenhängen. Dazu bedient sie sich oft modellhafter Betrachtungen, um Zusammenhänge darzustellen

Wirtschaftliches Handeln

Die Bedürfnisse des Menschen sind unbegrenzt. Allerdings sind die **Wirtschaftsgüter**, die dem gegenüberstehen, begrenzt. Daher müssen private Haushalte und Unternehmen mit diesen Wirtschaftsgütern sparsam umgehen, das bedeutet sie müssen wirtschaften. Dieses Wirtschaften beschreibt ein planvolles Handeln und wird in der Volkswirtschaftslehre ökonomisches Prinzip genannt. Es werden zwei Prinzipen unterschieden:

1) Minimalprinzip

Her wird versucht, ein vorgegebenes Ziel mit möglichst wenig Mitteln zu erreichen.

Beispiel: Es sollen 400 Fahrzeuge zu möglichst geringen Kosten hergestellt werden.

2) Maximalprinzip

Hier wird versucht, mit gegebenen Mitteln ein möglichst hohes Ziel zu erreichen.

Beispiel: Mit den 400 produzierten Fahrzeugen soll ein möglichst großer Gewinn generiert werden.

Die Zielsetzung von Unternehmen richtet sich zunächst nach der Aufgabe, die sie erfüllen sollen. In sogenannten erwerbswirtschaftlichen Betrieben steht dabei die Gewinnmaximierung im Vordergrund, während in gemeinschaftlichen Betrieben die Versorgung der Bevölkerung im Vordergrund steht.

Unternehmensziele

Unternehmen verfolgen unterschiedliche Ziele. Diese sind:

- **Sachziele**

Meint den sachlichen Zweck eines Unternehmens

- **Wirtschaftliche Ziele**

Meist angemessener Gewinn

- **Soziale Ziele**

Beziehen sich vorwiegend auf die Mitarbeiter wie unbefristete Arbeitsverträge

- **Ökologische Ziele**

Dies drückt die Verantwortung des Unternehmens gegenüber der Umwelt aus

Jedes Unternehmen verfolgt dabei mehrere Ziele, dies nennt man **Zielbündel** oder Zielsystem. Dabei können sich betriebliche Ziele gegenseitig ergänzen, sog. **Zielharmonie**, oder ausschließen, sogenannte **Zielkonflikte**.

Produktionsfaktoren

Um Güter produzieren zu können bedarf es sogenannter Produktionsfaktoren. Dies sind verschiedene Bereiche des Produktionsprozesses. Die volkswirtschaftlichen Produktionsfaktoren sind **Arbeit**, **Boden**, **Kapital**.

Arbeit ist das eingesetzte Humankapital. Boden das eingesetzte Naturkapital und Kapital das eingesetzte Sachkapital.

Marktwirtschaft

Die Wirtschaftsordnung, in welcher Güter ausgetauscht werden, nennt man Marktwirtschaft. Dabei treffen die einzelnen Marktteilnehmer am Markt zusammen. Sie entscheiden frei unter der Prämisse, ihren eigenen Nutzen zu

maximieren. Auf dem Markt werden Angebot und Nachfrage zusammenge-
bracht.

Der Idealtyp der Marktwirtschaft ist die **freie Marktwirtschaft**. Hier treffen
Angebot und Nachfrage ohne staatliche Eingriffe am Markt aufeinander. Alle
Produktionsmittel sind dabei privat.

Greift der Staat ins Marktgeschehen ein spricht man von **sozialer Marktwirtschaft**. Es bleibt hier grundsätzlich beim freien Zustandekommen von Preisen, allerdings versucht der Staat Machtballungen am Staat zu verhindern.

Als weitere Form ist die **Planwirtschaft** definiert. Diese beschreibt, dass der
gesamte Wirtschaftsprozess von einer zentralen Stelle, in der Regel vom
Staat, gesteuert wird.

Marktformen

Am Markt wird nach Anzahl der Markteilnehmer. Durch die Kombination von einem, wenigen, vielen Anbietern und Nachfragern lassen sich die folgenden Marktformen bilden:

Nach- frage / Angebot	einer	wenige	viele
einer	zweiseitiges Monopol	Angebots- monopol	Angebots- monopol
wenige	Nachfrage- monopol	zweiseitiges Oligopol	Angebots-oli- gopol
viele	Nachfrage- monopol	Nachfrage- oligopol	Polypol

- **Monopol**: Auf einer Seite lediglich ein Marktteilnehmer, ist auf beiden Seiten nur einer spricht man von einem beidseitigen Monopol

- **Oligopol**: Auf einer Seite wenige Marktteilnehmer, denen mindestens wenige oder viele Marktteilnehmer gegenüberstehen

- **Polypol**: Auf beiden Seiten viele Marktteilnehmer.

Nachfrage

Für die Befriedigung von Bedürfnissen stehen den Menschen nur bestimmte Geldmengen zur Verfügung. Somit ist der Mensch auch nur bereit, einen bestimmten Preis für ein Gut zu bezahlen. Zudem sind die Güter, die am Markt angeboten werden, nicht unendlich vorhanden, sondern begrenzt.

Nachfrage sind mit Kaufkraft ausgestattete Bedürfnisse. Die Nachfrage ist somit abhängig vom Preis des Gutes, vom Preis der anderen Güter, vom verfügbaren Einkommen der Haushalte und vom erwarteten Nutzen des Gutes. Damit volkswirtschaftlich die Wirkung eines einzelnen Faktors auf die Nachfrage untersucht werden kann, müssen bei deren Betrachtung die anderen Faktoren konstant gehalten werden.

Abhängigkeit der Nachfrage vom Preis

Beispiel:

Es soll die Nachfrage nach einem bestimmten Gut untersucht werden. Bei der Untersuchung ergibt sich, dass sich die nachgefragte Menge bei steigendem Preis verringert:

Preis	Nachfra-ge-menge
100,-	10
200,-	8
300,-	6
400,-	4
500,-	2

Dies lässt sich graphisch wie folgt darstellen:

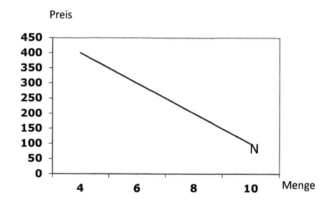

Um die Auswirkung einer **Preisänderung** zu bestimmen ist es wichtig festzustellen, in welcher Beziehung das untersuchte Gut zu einem anderen Gut steht.

Dabei werden folgende Güterarten und deren Auswirkung unterschieden:

Substitutionsgüter

Unter Substitutionsgütern versteht m Güter, die sich gegenseitig ersetzen können. Es ist also nicht zwingend notwendig, eine bestimmte Ware zu kaufen, da eine andere Ware den gleichen Zweck erfüllt.

Ein Beispiel: Butter und Margarine (statt Butter kann der Verbraucher auch Margarine nutzen)

Steigt der Butterpreis wird hier die Nachfrage sinken und die Nachfrage nach Margarine steigen, da die Verbraucher auf Margarine ausweichen werden.

Erklärung: Bei einem Preis von 2 GE wird eine Buttermenge von 8 nachgefragt. Steigt der Preis auf 3 GE sind es nur noch 5. Daher wird auf das Substitutionsgut (hier Margarine) ausgewichen.

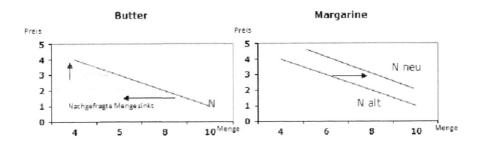

Komplemetärgüter

Komplemetärgüter sind Güter, die sich gegenseitig ergänzen. Kauft man eine bestimmte Ware macht der Erwerb einer (ergänzenden) Ware Sinn.

Ein Beispiel: CD-Player und CD

Steigt der Preis für CD-Player sinkt die Nachfrage nach CDs.

Erklärung: Bei einem Preis von 2 GE wird eine Menge von 8 CD-Playern nachgefragt. Steigt der Preis auf 3 GE sind es nur noch 5. Dadurch, dass weniger Player verkauft werden, kaufen die Konsumenten auch weniger CDs ein.

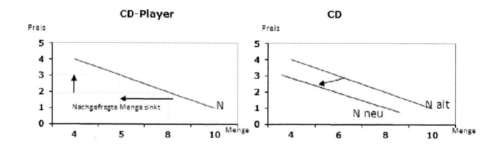

Indifferente Güter

Güter, die in keiner Beziehung zueinander stehen bezeichnet man als indifferente Güter. Ein Beispiel hierfür könnte das Verhältnis der Nachfrage von Brot und Schuhen sein. Eine Preisänderung beim Brot hätte keinerlei Auswirkung auf die Nachfrage nach Schuhen.

Grundsätzlich gilt bei der Nachfrage eine Abhängigkeit vom **verfügbaren Einkommen**. Steigen die Preise für lebenswichtige Güter, werden die anderen, eher nicht so wichtigen Güter, nicht mehr so viel nachgefragt.

Daher gilt meist: Steigt das verfügbare Einkommen, steigt auch die Nachfrage.

Ausnahmen bestehen bei den sog. **Sättigungsgütern**, da diese unabhängig des Einkommens nachgefragt werden. Beispiel für ein Sättigungsgut ist Brot. Bei steigendem Einkommen kann es aber auch passieren, dass die nachgefragte Menge rückläufig ist, da auf andere Güter ausgewichen wird. So werden niederwertigere Güter bei steigendem Einkommen durch höherwertigere Güter ersetzt.

Marktnachfrage

Die Marktnachfrage ist die gesamte Nachfrage, die am Markt wirksam wird. Diese ergibt sich aus der Addition aller individuellen Nachfragemengen der einzelnen Haushalte.

Angebot

Angebot ist die Menge der auf dem Markt angebotenen Güter und Dienstleistungen. Dabei gilt, je höher der Preis, desto größer ist die am Markt angebotene Menge. Grafisch lässt sich dies wie folgt darstellen:

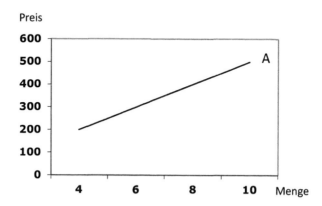

Die Angebotskurve verläuft von links unten nach rechts oben.

Wie auch bei der Nachfrage ergeben sich aus Preisänderungen oder aber anderen Einflussfaktoren Verschiebungen der Angebotskurve.

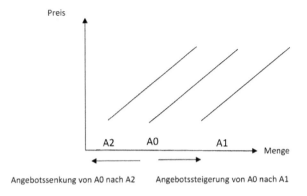

Preis

A2   A0   A1   Menge

Angebotssenkung von A0 nach A2   Angebotssteigerung von A0 nach A1

Veränderungen der Angebotskurve können Kostenänderungen sein, Preiser-
höhungen eines Komplementär- oder Preissenkungen von Substitutionsgütern, Hinzukommen von weiteren Anbietern, usw.

Preisbildung

Angebot und Nachfrage bilden den Preis auf dem Markt.

Der Gleichgewichtspreis

Auf dem Markt treffen Angebot und Nachfrage aufeinander. Ziel ist es, die
Preis- und Mengenvorstellungen von Nachfragern und Anbietern in Überein-
stimmung zu bekommen. Um festzustellen, bei welchem Marktpreis die
größtmögliche Menge an Gütern abgesetzt werden kann ermittelt man zuerst die entsprechenden Mengen an Angebot und Nachfrage zu bestimmten
Preisen.

Beispiel: Tablets

Es ergibt sich folgende Angebots- und Nachfragemengen:

Preis je Stck.	Angebotsmenge	Nachfragemenge
500	420	70
400	320	380
300	260	260
200	200	320
100	50	450

Überträgt man Daten in ein Diagramm ergibt sich folgendes Bild:

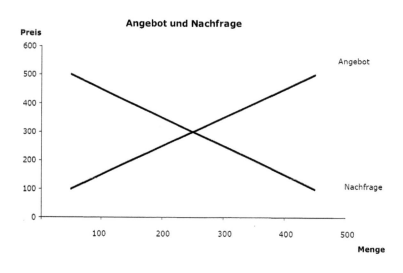

Der Schnittpunkt von Angebot und Nachfrage liegt bei 300 Euro. Hier entsprechen sich die angebotene und nachgefragte Menge. Diesen Preis bezeichnet man als **Gleichgewichtspreis**, die Menge von 320 Stück als **Gleichgewichtsmenge**. An diesem Punkt besteht ein Marktgleichgewicht.

Betrachtet man sich jetzt die angegeben Mengen genauer erkennt man, dass bei einem Preis von 500,- Euro die angebotene Menge erheblich größer ist, als die nachgefragte Menge. Es besteht ein **Angebotsüberhang**. Die Käufer haben hier eine stärkere Marktposition, da die Verkäufer ihre Preise nach unten korrigieren müssen, um so viel wie möglich abzusetzen. Vermutlich werden sich die Konkurrenten gegenseitig unterbieten, um die Ware an die wenigen Kunden zu verkaufen. Daher nennt man den Angebotsüberhang auch **Käufermarkt**.

Bei einem Preis von 100,- Euro ist es umgekehrt. Hier stehen 450 nachgefragte Stück einem Angebot von 50 Stück gegenüber. Es besteht ein **Nachfrageüberhang**. Jetzt ist der Verkäufer in einer besseren Position, da die Nachfrager sich mit ihrem Preis überbieten werden. Daher spricht man von einem **Verkäufermarkt**.

In unserer Graphik stellt sich dies wie folgt dar:

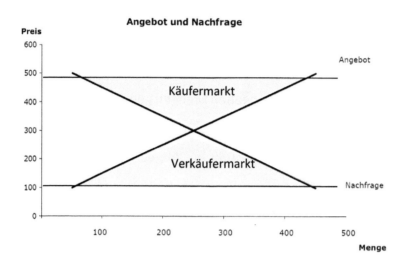

Angebot und Nachfrage

Preis

600

500 — Angebot

400 — Käufermarkt

300

200 — Verkäufermarkt

100 — Nachfrage

0

100   200   300   400   500

Menge

Preiselastizität der Nachfrage

Mit Hilfe der Preiselastizität als mathematische Größe lässt sich errechnen, um wie viel die Nachfrage sinkt, wenn der Preis steigt. Das Ergebnis drückt die Wirkung der einen Variablen auf die andere Variable aus.

Beispiel: um wie viel sinkt die Nachfrage, wenn der Benzinpreis um 1% steigt oder um wie viel % die Lohnsteuereinnahmen zunehmen, wenn die Arbeitslöhne um 1% steigen.

Es wird ermittelt, wie sich die Nachfragemenge eines Gutes auf eine Änderungen des Güterpreises auswirkt.

Man spricht in der Volkswirtschaft von einer **elastischen Nachfrage**, wenn eine hohe Preiselastizität vorliegt, von einer **unelastischen Nachfrage** bei einer geringen Preiselastizität. Die Nachfrage ist meist elastischer, je mehr Substitutionsgüter zur Auswahl stehen.

Die Berechnung der Preiselastizität erfolgt mittels folgender mathematischer Formel:

$$\text{Preiselastizität} = \frac{\text{Änderung der Nachfragemenge in \%}}{\text{Preisänderung in \%}}$$

Beispiel:

Der Preis für eine Tafel Schokolade steigt von 2 Euro auf 2,20 Euro, gleichzeitig sinkt die Nachfragemenge von 10 auf 8 Tafeln.

Berechnung:

Prozentuale Veränderung der Nachfragemenge: ((8-10) / 10) * 100

Prozentuale Veränderung des Preises: ((2,20 - 2,00)/ 2,00) *100

$$\text{Preiselastizität} = \frac{-20}{10} = -2$$

Ein Problem zeigt sich hier: das Vorzeichen im Ergebnis ist negativ. In der Betrachtung ist allerdings nur der <u>relative Wert</u> ausschlaggebend, d. h. das Vorzeichen wird nicht berücksichtigt. Somit ergibt sich eine **Preiselastizität von 2**. Daraus schließt man, dass es sich hier um eine **elastische Nachfragemenge** handelt. Die nachgefragte Menge reagiert stark auf Preisänderungen.

Bei einer Elastizität < 1 spricht man von **unelastischer Nachfrage** (kaum Reaktion auf Preisänderung). Typisch ist eine unelastische Nachfrage z. B. bei Gütern des täglichen Bedarfs wie Brot. Eine Preissteigerung für dieses Gut würde eine geringe Auswirkung auf die nachgefragte Menge haben. Graphisch dargestellt sieht erkennt man einen steilen Verlauf der Nachfragefunktion:

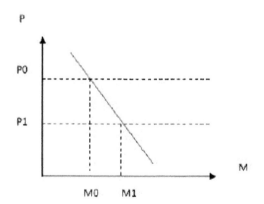

Unelastische Nachfrage

Bei einer Elastizität > 1 spricht man von **elastischer Nachfrage** (starke Reaktion auf Preisänderung). Typisch ist eine elastische Nachfrage bei Luxusgütern, wie z. B. LCD-Fernseher. In der Graphik erkennt man einen flachen Verlauf der Nachfragekurve, da Preisänderungen stärker zu einem Rückgang der Nachfrage führen.

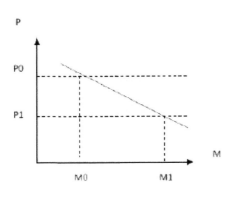

elastische Nachfrage

Reagiert die Nachfragemenge überhaupt nicht auf Preisveränderungen, ist die Nachfrage **vollkommen unelastisch**. Ein typisches Beispiel hierfür wären lebensnotwendige Medikamente, wo eine Preissteigerung überhaupt keinen Einfluss auf die nachgefragte Menge hat.

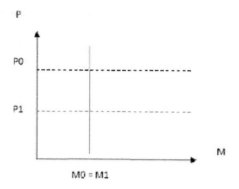

Vollkommen unelastische Nachfrage

Wenn die nachgefragte Menge unendlich auf Preisveränderungen reagiert, ist die Nachfrage **vollkommen elastisch**. Das bedeutet, dass es bei einer Preisänderung überhaupt keine Nachfrage mehr geben würde. Dies findet man üblicherweise in einem Markt der vollständigen Konkurrenz, da der Nachfrager auf ein entsprechend anderes Gut ausweichen würde.

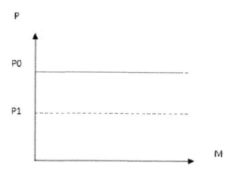

Vollkommen elastische Nachfrage

Wenn die Nachfragemenge sich im gleichen Verhältnis wie die Preisänderung verändert ist die Nachfrage **proportional elastisch**. Es ergibt sich ein gleichmäßiger Nachfrageverlauf. Diese Änderung findet man bei Gütern des normalen Bedarfs. Eine Preisänderung hat eine ebenso große Mengenänderung zur Folgen, z. B. bei Gemüse.

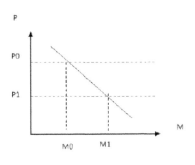

Proportional elastische Nachfrage

Elastizität des Angebots

Auch auf der Angebotsseite lassen sich die Auswirkungen bei Änderungen des Marktpreises berechnen. Dies erfolgt mit folgender mathematischer Formel:

$$\text{Preiselastizität} = \frac{\text{Änderung der Angebotsmenge in \%}}{\text{Preisänderung in \%}}$$

Der Preis für eine Tafel Schokolade steigt aufgrund steigender Lohnkosten von 2 Euro auf 2,20 Euro, gleichzeitig sinkt die Angebotsmenge von 10 auf 8 Tafeln.

Berechnung:

$$\text{Preiselastizität} = \frac{-20}{10} = -2$$

Grundsätzlich gilt hier das Gleiche wie bei den Nachfrageelastizitäten:

Bei einer Elastizität < 1 spricht man von **unelastischem Angebot** (kaum Reaktion auf Preisänderung). Eine Preissteigerung für dieses Gut würde eine geringe Auswirkung auf die angebotene Menge haben. Graphisch dargestellt sieht erkennt man einen steilen Verlauf der Angebotskurve:

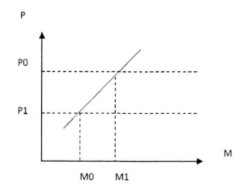

Unelastisches Angebot

Das **proportional elastische Angebot** (E = 1) kennzeichnet sich durch eine proportional gleichmäßige Veränderung von Menge und Preis:

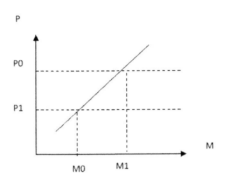

Proportional elastisches Angebot

Ist die Elastizität > 1, also das Angebot reagiert **elastisch**, folgt auf eine Preisänderung eine prozentual größere Mengenänderung:

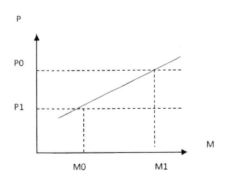

Elastisches Angebot

Hat eine Preisänderung keine Mengenänderung des Angebotes zur Folge (E=0), reagiert das Angebot also **völlig unelastisch**, stellt sich die Kurve wie folgt dar:

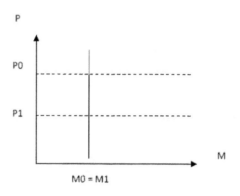

Vollkommen unelastisches Angebot

Staatliche Preisregulierungen

Der Staat hat die Möglichkeit, direkt oder indirekt auf die Preisbildung Einfluss zu nehmen. Er greift somit ins Wirtschaftsgeschehen ein. Dies kann zum einen z. B. durch eine besondere Steuerpolitik oder durch die Festlegung von Preisen geschehen. Indirekte Eingriffe des Staates sind alle Maßnahmen, in denen der Staat nicht unmittelbar Preise vorgibt, sondern z. B. durch bestimmte Maßnahmen in der Fiskalpolitik hier indirekt reguliert.

Direkte Eingriffe des Staates sind Maßnahmen, die es den Marktteilnehmern nicht mehr möglich machen, Preise frei auszuhandeln. Dazu gibt es zwei Möglichkeiten: Zum einen wird der Preis festgelegt, zum anderen werden Schranken definiert, die nicht über- oder unterschritten werden dürfen.

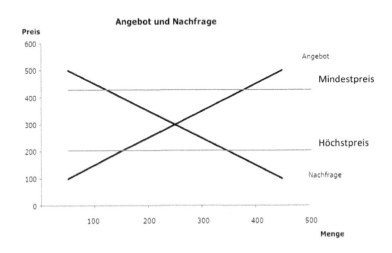

Der Mindestpreis liegt über dem Gleichgewichtspreis. Er ist eine staatlich festgelegte Preisuntergrenze und soll den Anbieter schützen. Beispiel: Milch.

Der Höchstpreis hingegen liegt unter dem Gleichgewichtspreis. Er ist eine staatlich festgelegte Preisobergrenze und soll die Verbraucher schützen. Beispiel. Mieten

Wirtschaftskreislauf

Der Wirtschaftskreislauf stellt in einer einfachen Form die volkswirtschaftlichen Tauschvorgänge dar. Dabei geht man von zwei Wertkreisläufen aus, dem Geldkreislauf und dem Güterkreislauf. Beide Kreisläufe verlaufen meist entgegengesetzt, da für Güter mit Geld bezahlt wird.

Beim einfachen Wirtschaftskreislauf werden nur zwei Wirtschaftssubjekte berücksichtigt, die Unternehmen und die privaten Haushalte. Im erweiterten Wirtschaftskreislauf würden die Sektoren Staat, Banken und Ausland ergänzt werden.

Die privaten Haushalte stellen im einfachen Wirtschaftskreislauf die Produktionsfaktoren Arbeit, Boden und Kapital zur Verfügung, die Unternehmen produzieren die Güter und bieten den Menschen Arbeitsplätze. Das Kreislaufschema zeigt, dass die privaten Haushalte am Markt ihre Arbeitsleistung zur Verfügung stellen und dafür Lohn von den Unternehmen erhalten. Die Unternehmen verkaufen alle produzierten Güter an die Haushalte, die ihr gesamtes Einkommen dafür aufwenden. Somit ist der einfache Wirtschaftskreislauf ein geschlossener Kreislauf.

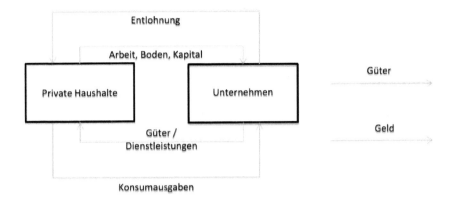

Konjunktur

Begriff Konjunktur

Stellt man die wirtschaftliche Lage einer Volkswirtschaft im Zeitverlauf dar, ergibt sich eine Art wellenförmige Bewegung. Die wirtschaftliche Lage, hier beispielhaft dargestellt, unterliegt dabei ständigen Auf- und Abwärtsbewegungen.

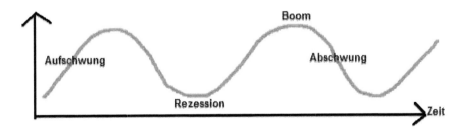

Die Konjunkturbewegungen verlaufen dabei meist wellenförmig und weisen dabei eine unterschiedliche zeitliche Dauer auf.

Konjunkturphasen

Das Konjunkturgeschehen ist jedes Mal anders. Dennoch können allgemeine, wiederkehrende Merkmale des Konjunkturablaufs festgehalten werden. Eine Wellenbewegung, die meist zwischen drei und fünf Jahre andauert, lässt sich in **vier Phasen** unterteilen:

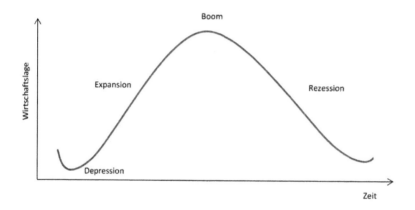

Depression (Tiefstand)

- Tiefstand von Produktion, Umsätzen, Gewinnen, Preisen, Löhnen
- Volkseinkommen ist niedrig
- nicht ausgelastete Produktionskapazitäten aufgrund niedriger Nachfrage

- hohe Arbeitslosenzahl
- niedrige Zinssätze
- wenig Investitionen
- hohe Sparneigung

Expansion (Aufschwung)

- Zunahme der Nachfrage und niedrige Zinsen führen zu steigenden Investitionen
- Erhöhung der Beschäftigung, der Produktion und der Gewinne
- Preise und Löhne anfangs stabil, steigen am Ende langsam an
- optimistische Grundstimmung

Boom (Hochkonjunktur)

- Nachfrageüberhang
- ausgelastete Produktionskapazitäten
- starke Preissteigerungen
- Lohnsteigerungen
- hohe Investitionen
- Zinssteigerungen
- am Ende aber nachlassende Investitionen, Abbau von Überstunden und Überproduktion

Abschwung (Rezession)

- Auftragsrückgang
- Rückgang Investitionen
- vermehrte Kurzarbeit
- Entlassungen
- Produktionsanlagen werden stillgelegt
- Zahl der Insolvenzen steigt
- pessimistische Grundstimmung.

Um aus einer Depression wieder in den Aufschwung zu gelangen reichen die betriebswirtschaftlichen Möglichkeiten nicht aus. Vielmehr bedarf es entsprechender Maßnahmen in der Geldpolitik und finanzpolitischer Maßnahmen des Staates, um einen schnellen Aufschwung herbeizuführen. Im Falle eines Abschwungs kann durch eine schnelle Reaktion in der Geldpolitik und entsprechende wirtschaftspolitische Maßnahmen des Staates ein Fall in die Depression abgeschwächt werden.

Konjunkturindikatoren

Um die Konjunktur in einer Volkswirtschaft bestimmen zu können werden statistische Daten zur Wirtschaftslage gesammelt. Anhand dieser Daten lassen sich **Konjunkturindikatoren** festhalten. Im Allgemeinen unterscheidet man drei Gruppen solcher Indikatoren:

- **Gegenwartsindikatoren**

Zur Konjunkturdiagnose, es wird der <u>aktuelle Stand</u> beschrieben. Dies geschieht z. B. mit Hilfe von Produktionszahlen, Einzelhandelsumsätzen, dem Stand des Arbeitsmarktes, usw.

- **Frühindikatoren**

Zur Konjunkturprognose, d. h. wie wird sich die Konjunktur <u>in absehbarer Zeit</u> entwickeln. Hierzu bedient man sich z. B. der Daten aus der Anzahl von Investitionsplanungen, Auftragseingängen, Insolvenzen, Lagerbestandsveränderungen, usw.

- **Spätindikatoren**

Treten erst <u>im Nachhinein</u> auf. Z. B. Lohnentwicklung, Preisentwicklung und Arbeitslosenziffern

Eine Gesamtbewertung aller Indikatoren lässt auf eine relativ sichere Konjunkturdiagnose und –prognose schließen.

Fiskalpolitik

Unter **Fiskalpolitik** versteht man in der Volkswirtschaftslehre die **Konjunkturpolitik der öffentlichen Haushalte**. Der Staat hat großen Einfluss auf die gesamtwirtschaftliche Entwicklung. Von den vier wirtschaftspolitischen Zielen des Stabilitätsgesetzes trägt die EZB die Hauptverantwortung für die Preisniveaustabilität, die Ziele Vollbeschäftigung, Wirtschaftswachstum und außenwirtschaftliches Gleichgewicht liegen aber in Hand der nationalen Regierungen.

Die Instrumente der EZB reichen allerdings nicht aus, um Unternehmen zu beeinflussen. Sind z. B. die Zukunftserwartungen eher pessimistisch, werden Unternehmen auch trotz günstiger Kredite nicht investieren. Daher muss der Staat mit Hilfe einer antizyklischen Fiskalpolitik den einzelnen Konjunkturphasen entgegenwirken. Am Beispiel der Hochkonjunktur könnte dies bedeuten, dass der Staat seinen Haushaltsüberschuss durch Kreditrückzahlungen an das Ausland oder Konjunkturausgleichsrücklagen ansparen könnte. Wichtig ist, dass das Geld nicht wieder in den Wirtschaftskreislauf gelangt und erneute Nachfrage auslösen würde. Durch solche Maßnahmen könnte die Konjunktur gedämpft werden.

Geldpolitik

Die Verantwortung für die Geldpolitik innerhalb der europäischen Währungsunion trägt die **Europäische Zentralbank** (EZB). Das einzig gültige gesetzliche Zahlungsmittel ist in den Teilnehmerstaaten der **Euro**. Ziel der EZB ist die Sicherstellung der Preisstabilität im Euroraum.

Der Geldwert, also der Nominalwert auf Münzen und Banknoten, sagt noch nichts über die Kaufkraft aus, d. h. welche Gütermenge hierfür tatsächlich gekauft werden kann. Geldmenge und Gütermenge ergeben erst in der Gegenüberstellung den tatsächlichen Wert. Sie bestimmen das **Preisniveau**. Folgende Zusammenhänge können benannt werden:

- eine steigende Geldmenge führt zu einer Steigerung der Nachfrage
- steigende Nachfrage führt zu einem steigenden Preisniveau
- eine sinkende Geldmenge führt zu einer Senkung der Nachfrage
- sinkende Nachfrage führt zu einem sinkenden Preisniveau

Berechnet wird das **Preisniveau**, indem man die %-Veränderung des Gesamtwertes im Vergleich zum Basisjahr ermittelt. Das Ergebnis gibt Auskunft darüber, ob für das Geld weniger oder mehr Güter gekauft werden können. Dies bezeichnet man als **Kaufkraft**. Wenn das Preisniveau steigt, verringert sich die Kaufkraft, sinkt das Preisniveau dagegen, steigt die Kaufkraft.

Veränderung des Geldwertes

Auch beim Geld in einer Volkswirtschaft stimmt das Gesamtangebot nicht unbedingt mit der Gesamtnachfrage überein. Daraus ergeben sich sogenannte inflatorische und deflatorische Tendenzen.

Bei der **Inflation** nimmt die Kaufkraft des Geldes ab. Kennzeichnend sind steigende Preise. Durch das erhöhte Preisniveau wird die Volkswirtschaft mit Geld überversorgt.

Bei einer **Deflation** nimmt die Kaufkraft des Geldes zu, die Preise sinken. Durch das gesenkte Preisniveau herrscht in der Volkswirtschaft eine Unterversorgung mit Geld.

In einer Volkswirtschaft führen Inflation und Deflation zu einer ungerechten Einkommens- und Vermögensverteilung. Daher ist es ein wichtiges Ziel in der Wirtschafs- und Geldpolitik in allen Ländern eine Preisstabilität zu erreichen.

Europäisches System der Zentralbanken

An der Spitze des **Europäischen Systems der Zentralbanken** (ESZB) ist die **Europäische Zentralbank** (EZB) mit Sitz in Frankfurt am Main. Weiterhin besteht die ESZB aus den nationalen Zentralbanken der Teilnehmerländer der

Währungsunion. Das oberste Entscheidungsgremium ist der **EZB-Rat**. Dieser hat folgende Aufgaben:

- Festlegung der Geldpolitik
- Genehmigung der Ausgabe von Banknoten und Münzen
- Leitlinien erstellen und Weisungen an die nationalen Zentralbanken erteilen.

Vorrangiges Ziel der ESZB ist die **Sicherung der Preisstabilität**. Darüber hinaus unterstützt sie die allgemeine Wirtschaftspolitik der Europäischen Gemeinschaft mit dem Ziel an dauerhaftem Wachstum, hohem Grad an Konvergenz und hohem Beschäftigungsgrad beizutragen ohne das Ziel der Preisstabilität zu beeinträchtigen. Neben der Sicherung des Geldwertes hat die ESZB die Aufgabe, den Zahlungsverkehr sicherzustellen und zu fördern und die Währungsreserven der Mitgliedsländer zu verwalten.

Geldpolitische Instrumente

Um Geldmenge und Zinsen beeinflussen zu können bedient sich die EZB geldpolitischer Instrumente, die möglichst am Marktgeschehen anknüpfen.

Ihr stehen drei **geldpolitische Instrumente** zur Verfügung:

- Offenmarktgeschäfte
- ständige Fazilitäten
- Mindestreserven

Offenmarktgeschäfte

Banken können sich durch Kreditaufnahme bei den nationalen Zentralbanken zusätzliche Mittel beschaffen. Zur Kreditvergabe wird ein Versteigerungsverfahren durchgeführt, bei dem der Meistbietende (sog. Tender) den Kredit erzählt. Der Kredit wird zu einem festgelegten Zeitraum zur Verfügung gestellt und muss nach Ablauf dieser Frist zurückgezahlt werden. Als Kreditsicherung dienen **Wertpapiere**. Diese werden als Pfand der Zentralbank zur Verfügung gestellt. Dabei wird eine Rückkaufsfrist festgelegt. Es handelt sich also nicht um den Kauf von Wertpapieren. Der Zins, der im Rahmen dieses Geschäfts festgelegt wird, gilt als **Leitzins**.

Ständige Fazilitäten

Tägliche Transaktionen zwischen den einzelnen Banken können zu Liquiditätsengpässen oder –überschüssen führen. Die Banken untereinander haben einen Geldmarkt geschaffen, auf dem sie sich **kurzfristig**, meist für einen Tag, Geld leihen oder anlegen können und dafür den Tagesgeldsatz verzinst bekommen. Die Banken gleichen mit diesem Geld ihre Konten bei der Zentralbank aus. Als Unterstützung ermöglicht die Zentralbank den Banken eine Kreditaufnahme oder Geldanlage über Nacht. So kann sie den kurzfristigen Geldmarktzins steuern. Die Zinssätze werden vom EZB-Rat festgelegt.

Mindestreserven

Die einzelnen Geschäftsbanken müssen Mindestreserven bei der nationalen Zentralbank hinterlegen. Die Mindestreserven werden mit dem gleichen Zinssatz wie bei den Offenmarktgeschäften verzinst. Die Änderung der Mindestreserve beeinflusst die Kreditschöpfung der Banken. Durch eine Erhöhung werden die liquiden Mittel herabgesetzt, die die Geschäftsbanken zur Kreditvergabe zur Verfügung hätten. Somit werden Kreditvergaben beschränkt und die Kredite selber verteuert. Umgekehrt führt eine Senkung des Mindestsatzes zu mehr Spielraum, da mehr liquide Mittel den Banken zur Verfügung stehen und so mehr Kredite gewährt werden können.

Wirtschaftspolitik

In der Weltwirtschaft hat sich gezeigt, dass die Selbststeuerungskräfte der Marktwirtschaft alleine nicht ausreichen, um Krisen aus eigener Kraft zu meistern. Dadurch ist der Staat gezwungen, in den Wirtschaftsprozess einzugreifen um durch geeignete Maßnahme das **gesamtwirtschaftliche Gleichgewicht** wieder herzustellen.

Die Wirtschaftspolitik ist im **Gesetz zur Förderung der Stabilität und des Wachstums** grundsätzlich geregelt. Die vier wichtigsten Ziele in der gesamtwirtschaftlichen Entwicklung sind im sog. **Magischen Viereck**, festgehalten:

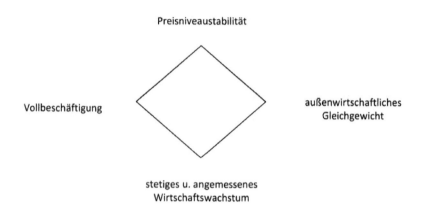

Preisniveaustabilität

Vollbeschäftigung

außenwirtschaftliches Gleichgewicht

stetiges u. angemessenes Wirtschaftswachstum

Ein stabiles Preisniveau gilt als erreicht, wenn es im Vergleich zum Vorjahr nicht mehr als 2 % steigt. Das außenwirtschaftliche Gleichgewicht soll sicherstellen, dass der Außenbeitrag (Export > Import) positiv ist. Die Vollbeschäftigung gilt bei einer Arbeitslosenquote von maximal 2 % als erreicht. Stetiges und angemessenes Wirtschaftswachstum ist erzielt, wenn das Bruttoinlandsprodukt im Vergleich zum Vorjahr um bis zu 4 % gestiegen ist.

Das magische Viereck kann in der Volkswirtschaftslehre noch durch zwei weitere Ziele zum sog. magischen Sechseck erweitert werden:

- Erhaltung einer lebenswerten Umwelt
- gerechte Einkommensverteilung

Beziehung zwischen den Einzelzielen

Durch staatliche Maßnahmen zur Erreichung eines Zieles ergeben sich Auswirkungen auf die anderen Ziele.

Im Idealfall begünstigt die Verwirklichung eines Zieles auch die Erreichung eines anderen Zieles, man spricht von **Zielharmonie**. Beispiel: In der Rezession werden verstärkt Arbeitsbeschaffungsmaßnahmen eingesetzt, um die Beschäftigungsquote zu steigern. Dadurch wird mehr Einkommen erzielt, die Nachfrage steigt.

Es gibt aber auch Ziele, die miteinander konkurrieren und zu **Zielkonflikten** führen. Beispiel: Durch eine hohe Staatsverschuldung wird die Gesamtnachfrage angekurbelt. Dies führt in der Regel zwar zu einer höheren Beschäftigung, allerdings führt dies auch zu einer Inflation. Da die Inflationsrate im Ausland dann geringer ist sinken die Exporte, Importe nehmen zu. Somit ist das außenwirtschaftliche Gleichgewicht gefährdet.

Die Realisierung aller Ziele ist also nahezu unmöglich, da die Verfolgung des einen Zieles ein anderes Ziel gefährden kann. Daher werden in der Regel ein oder zwei Ziele ausgewählt, die vorrangig behandelt werden.

Um das gesamtwirtschaftliche Gleichgewicht erreichen zu können ist ein Zusammenspiel unterschiedlicher Institutionen notwendig. Zur Wirtschaftspolitik im weiteren Sinne gehören neben der Geldpolitik der Europäischen Zentralbank die Lohn- und Einkommenspolitik der Sozialpartner. Konkreter meint man damit das fiskalpolitische Instrumentarium und die Beschäftigungspolitik des Staates.

Beschäftigungspolitik

Für das Wachstum einer Volkswirtschaft ist ein **hohes Beschäftigungsniveau** mitentscheidend. Das Beschäftigungsniveau ist abhängig von der demographischen Zusammensetzung der Gesamtbevölkerung denn daraus resultiert die Zahl der erwerbsfähigen Personen. Die Zahl der erwerbsfähigen Personen ergibt sich, wenn Kinder, Jugendliche, Auszubildende, Rentner und arbeitsunfähige Personen aus der Zahl der Gesamtbevölkerung herausgerechnet werden. Diese Personengruppen stehen dem Arbeitsmarkt nicht zur Verfügung.

Der Zusammenhang zwischen Gesamtbevölkerung und Arbeitsmarkt wird in folgender Darstellung deutlich:

Zusammenhang Gesamtbevölkerung – Arbeitsmarkt

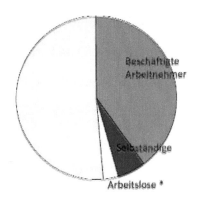

* In der offiziellen Arbeitsmarktstatistik werden nur die Personen als „arbeitslos" erfasst, die bei der Arbeitsverwaltung registriert sind. Der Begriff Arbeitslosigkeit definiert den Teil der arbeitsfähigen Erwerbspersonen ohne Beschäftigung. Die Zahl der tatsächlichen Arbeitslosen ist höher als in der Statistik festgehalten, da z. B. durch berufliche Qualifizierungsmaßnahmen diese Personen in der Statistik nicht mit aufgeführt werden.

Bei den Formen der Arbeitslosigkeit werden in der Volkswirtschaftslehre die folgenden Arten unterschieden:

Saisonale Arbeitslosigkeit ist eine jahreszeitlich (saisonale) bedingte Arbeits-losigkeit, die immer wieder kehrt. Im Winter herrscht beispielsweise in der Bauindustrie eine hohe Arbeitslosigkeit, da Arbeitskräfte und Maschinen bei zu hohen Minusgraden nicht eingesetzt werden können.

Technologische Arbeitslosigkeit entsteht, wenn durch technischen Fortschritt Arbeitskräfte entlassen werden. Dies kann sowohl durch Automatisierung, als auch durch den Einsatz neuartiger Produktionsverfahren zustande kommen.

Strukturelle Arbeitslosigkeit kann einerseits regional, andererseits auch in bestimmten Branchen auftreten. Sie ist bedingt durch Veränderungen in der Bevölkerungsstruktur und durch Bedarfswandlungen. Z. B. Wandlung in der Energieerzeugung (Kohle).

Friktionelle Arbeitslosigkeit tritt auf, wenn ein Arbeitnehmer zur Zeit der Erhebung der amtlichen Statistik gerade seinen Arbeitsplatz wechselt. Auch nach einer Ausbildung kann friktionelle Arbeitslosigkeit auftreten, bis ein Arbeitsplatz gefunden ist. Diese Art der Arbeitslosigkeit dauert nur kurze Zeit.

Konjunkturelle Arbeitslosigkeit tritt auf, wenn die Konjunktur schwächer wird, die Nachfrage zurück geht und die Produktion zurückgefahren wird.

Durch den Produktionsrückgang werden von den Unternehmen Arbeitsplätze abgebaut.

Ziel der Wirtschafts- und Arbeitsmarktpolitik ist eine **Vollbeschäftigung**. In
der Theorie liegt diese vor, wenn alle Erwerbspersonen eine Beschäftigung
haben. In der Praxis ist die Vollbeschäftigung schon erreicht, wenn die Arbeitslosenquote max. 2 % beträgt, da saisonale oder friktionelle Arbeitslosigkeit nicht zu vermeiden sind.

Arbeitsmarktpolitik im engeren Sinne sind **alle Maßnahmen der Bunde-
sagentur für Arbeit** zur Bekämpfung von Unterbeschäftigung. Darunter fallen:

- Arbeitsvermittlung
- Förderung der regionalen Mobilität
- Förderung des beruflichen Wiedereinstieges
- Förderung der beruflichen Bildung und Qualifikation
- Arbeits- und Berufsförderung benachteiligter Gruppen
- Kurzarbeitergeld
- Arbeitsbeschaffungsmaßnahmen
- Personal-Service-Agenturen zur Vermittlung
- Job-Center

- Arbeitsgemeinschaften zur Betreuung von erwerbsfähigen Hilfsbedürftigen aus der Sozialhilfe

Da neben dem Staat hier auch Arbeitgeberverbände und Gewerkschaften eintreten gehören sie ebenfalls zu den Trägern der Wirtschaftspolitik.

Volkswirtschaftliche Gesamtrechnung

Um die wirtschaftliche Entwicklung einer Volkswirtschaft beurteilen zu können werden alle Transaktionen, die innerhalb einer bestimmten Wirtschaftsperiode anfallen, in der sogenannten **volkswirtschaftlichen Gesamtrechnung** erfasst. Neben den unterschiedlichen Möglichkeiten zur Berechnung der Wirtschaftsleistung können unterschiedliche Kennziffern errechnet werden.

Bruttoinlandsprodukt

In der Bundesrepublik Deutschland gilt das **Bruttoinlandsprodukt** als wichtigste Kennziffer zur Beurteilung der Wirtschaftsleistung. Das Bruttoinlandsprodukt ist der Wert aller im Inland erbrachten Leistungen einer Rechnungsperiode. Es ist unabhängig, welche Nationalität die Person hat, die diese Leistung erbracht hat. Wichtig ist, dass die Leistung innerhalb der Volkswirtschaft, d. h. im Inland, erbracht wurde.

Damit Preisschwankungen die Statistik nicht verfälschen wird das nominale Bruttoinlandsprodukt (d.h. das Bruttoinlandsprodukt zu den jeweiligen Marktpreisen des Berichtsjahres) auf das reale Bruttoinlandsprodukt umgerechnet (real bedeutet, dass die Marktpreise eines bestimmtem Basisjahrs zugrunde gelegt werden).

11. Ausblick E-Commerce

Die Universität Regensburg hat im Oktober 2017 eine Pressemitteilung zur Entwicklung des E-Commerce-Anteils am Einzelhandelsumsatz bis 2023 veröffentlicht. Dazu haben die Forscher von ibi research der Universität Regensburg eine Prognose entwickelt. Die Forscher haben festgestellt, dass die Umsätze im Onlinehandel weiterhin stark steigen werden. Die Steigerungen sind dabei stärker, als im Einzelhandel insgesamt. Im Jahr 2016 betrug der Anteil des Onlinehandels an den Einzelhandelsumsätzen 9,2 %. Bis zum Jahr 2023 soll dieser Anteil auf 15,5 – 19,8 % steigen, je nach Szenario, welches der Berechnung zugrunde gelegt wird.[2] Ohne den Lebensmitteleinzelhandel zu berücksichtigen, der im Onlinehandel eher vernachlässigt werden kann, liegt der Anteil am Gesamtumsatz beim Onlinehandel bei etwa 14 %. Der Umsatz im Onlinehandel steigt nach dieser Studie um etwa 8 % pro Jahr.

---

[2] vgl. ibi research an der Universität Regensburg, Pressemitteilung vom 24.10.2017, veröffentlicht über www.ibi.de/e-commerce-strategien.

Von einer ähnlichen Entwicklung geht das Statistik-Portal statista aus. Im Jahr 2016 wurde in Deutschland im Onlinehandel etwa 44 Milliarden Euro umgesetzt. Im Jahr 2017 belief sich der Umsatz bereits auf ca. 49 Milliarden Euro. Die umsatzstärksten Warengruppen sind bisher Elektronik, Telekommunikation, Bekleidung und Bücher. Der Anteil der Onlinekunden ist von rund 10 % im Jahr 2000 auf 67,6 % im Jahr 2016 gestiegen. Tendenz stark steigend. Ein wichtiger Entwicklungszweig ist dabei das mobile E-Commerce. [3]

Der Handelsverband Deutschland hat ebenfalls festgestellt, dass die Anzahl der traditionellen Handelskäufer, d. h. der Kunden, die ausschließlich im stationären Handel einkaufen, rückläufig ist. Steigend ist die Zahl der Kunden, die sowohl stationär, als auch online einkaufen möchten. Dies zeigt den Trend der Zukunft. Nicht für alle Warengruppen ist der Onlinehandel als einzige Vertriebsform geeignet. Hier sollten Händler entweder auf die Hybrid-Strategie setzen, oder eine Differenzierung in den Vertriebskanälen je nach Produktgruppe vornehmen.

Die Veränderungen im E-Commerce entwickeln sich also rasant. Online-händler müssen daher ständig ihre Angebote überprüfen und anpassen, denn die Onlinebranche ist eine schnelllebige Branche.

---

[3] vgl. https://de.statista.com/statistik/daten/studie/199790/umfrage/entwicklung-des-b2c-e-commerce-umsatzes-in-deutschland/

Stichwortverzeichnis

Weitere Publikationen der Autoren:

Kaufmann / Kauffrau im E-Commerce

Band 1

Fachbuch für die Ausbildung

Sortimentsbewirtschaftung und Vertragsanbahnung

Daniela Reinders, Frank Thönißen

Band 1 von 2

ISBN: 978-3-7460-9084-9

Verlag: Books on Demand

Im ersten Band finden sich die für Teil 1 der gestreckten Abschlussprüfung relevanten Inhalte im Bereich Sortimentsbewirtschaftung und Vertragsanbahnung. Das Ergebnis dieses ersten Prüfungsteils geht mit 25 % in die Gesamtnote ein.